AF384989

LA POLITIQUE

DU CHEVALIER

BACON,

CHANCELIER D'ANGLETERRE.

SECONDE PARTIE.

A LONDRES,

Chez JACQUES TONSSON.

1740.

DE L'AMITIE'.

CELUI qui a dit qu'il faut que l'homme qui cherche la solitude, soit une bête sauvage, ou un dieu, ne pouvoit guéres en moins de paroles mettre ensemble plus de vérités & plus de menfonges; car il eft certain que celui qui a de l'averfion pour la fociété des hommes, tient en quelque façon de la bête. Mais auffi il eft très-faux qu'il entre quelque chofe de divin dans le caractére de celui qui montre un fi grand éloignement pour les hommes, à moins que ce ne foit l'effet, non du contentement qu'il trouve dans la folitude, mais d'un extrême défir de fe féparer

de toute compagnie mortelle,
pour chercher une communi-
cation plus digne & plus re-
levée : c'eſt de cette ſorte d'en-
tretien céleſte dont quelques
Payens ſe ſont vantés fauſſe-
ment de joüir. De ce nombre
ont été Epimenides de Créte,
Empedocles de Sicile, & Apol-
lonius de Thyanée ; mais nous
pouvons dire avec vérité, que
pluſieurs des anciens Anacho-
retes & des Peres de l'Egliſe,
ont joüi en effet dans les dé-
ſerts de cette felicité. La plûpart des hommes ne compren-
nent guéres ce que c'eſt que la
ſolitude, ni en quoi elle conſiſte ; car une foule de peuple &
de différens viſages, peut ſe regarder comme une galerie or-
née de quantité de portraits. Il
en eſt de même des diſcours
de tant de perſonnes qui n'ont
pour nous ni affection ni ami-

tié , qui ne flattent pas plus
l'oreille que les sons d'un mauvais instrument ; & tout ceci se
rapporte assez au proverbe qui
dit, *qu'une grande ville est une
grande solitude* ; parce que souvent dans une grande ville, les
amis sont écartés les uns des
autres, & ne peuvent se voir
que difficilement. A cela nous
pouvons ajoûter qu'il n'y a
point de solitude pareille à celle de l'homme qui n'a point
d'amis , sans lesquels le monde
n'est proprement qu'un désert :
ainsi il faut nécessairement que
celui qui n'est pas capable d'a-
mitié, tienne de la bête beaucoup plus que de l'homme.

Les fruits principaux de l'a-
mitié, sont de soulager les douleurs & de calmer les inquiétudes. Les obstructions & les
suffocations, sont les plus dangereuses maladies pour le

corps , & de même aussi pour l'esprit. On peut prendre de la teinture de rose , pour l'opilation du foye ; de l'acier , pour la rate ; de la fleur de soufre , pour les poulmons ; du *casto-reum* , pour fortifier le cerveau : mais pour remettre & entretenir le cœur dans son état naturel , il n'est de meilleur reméde qu'un véritable ami , auquel on puisse communiquer ses douleurs, ses joies, ses afflictions , ses appréhensions , ses soupçons , & généralement tout ce qu'on ressent avec plus de vivacité.

Il est merveilleux de voir combien les Princes & les Rois font cas de cette amitié dont nous parlons. C'est souvent au point de mettre au hazard leur vie & leur autorité, dans le désir qu'ils ont de s'en assurer; car les Princes ne peuvent l'acque-

rir par la différence qu'il y a de
leur fortune à celle de leurs sujets, s'ils n'en élevent quelqu'-
un à leur portée, & s'ils n'en
font, pour ainsi dire, leur égal,
& leur compagnon ; ce qui est
sujet pour eux à bien des inconveniens. Les langues modernes
appellent les amis des princes,
favoris, ou *Privados*, comme
si elles vouloient marquer que
ce n'est de leur part qu'une
grace ou faveur, ou une simple permission d'approcher de
leur personne avec plus de liberté : mais le terme des Romains en marque bien mieux
l'usage & la vraie cause. Ils les
nomment, *participes curarum*,
& en effet c'est ce qui resserre
particuliérement le nœud de
l'amitié, & nous voions claire-
ment, que non seulement les
Princes foibles & sujets aux
passions ont recherché cette

R iiij

amitié, mais aussi les plus sages & les plus grands politiques. Il y en a eu qui ont favorisé quelques-uns de leurs serviteurs à un si haut point, qu'ils leur ont donné, & ont reçu réciproquement le nom d'ami. Ils ont même permis qu'on usât de même terme en leur présence, & pour les désigner l'un à l'autre. Du tems que Sylla commandoit à Rome, il éleva Pompée, qui depuis eut le nom de Grand, à un si haut point d'autorité, que Pompée osa se vanter dans la suite, d'être plus puissant que Sylla ; car, après qu'il eût obtenu le Consulat pour un de ses amis, contre la volonté & malgré les brigues de Sylla, celui-ci en ayant marqué son dépit en parlant à Pompée, Pompée lui imposa silence en quelque forte ; car il termina la conversation en lui disant

que la plûpart des hommes
adoroient le soleil levant, plûtôt que le couchant. Decius
Brutus eut tant de part à l'amitié de César , qu'il le nomma
son héritier après son neveu ,
& il eut le crédit de l'attirer
au Sénat où les conjurés l'at-
tendoient pour lui donner la
mort ; car César étoit dans le
dessein de renvoier le Sénat ,
à cause de quelques mauvais
présages, & sur-tout d'un songe de sa femme Calpurnie :
mais Brutus le soulevant doucement de sa chaise , lui dit ;
qu'il espéroit qu'il n'attendroit
pas que sa femme fît de bons
songes pour aller au Sénat. Il
étoit si avant dans les bonnes
graces de César , qu'Antoine
dans une lettre rapportée mot
à mot par Cicéron , l'appelle
l'*Enchanteur* , *le Sorcier* , comme s'il eût voulu dire , qu'il

avoit charmé César. L'histoire remarque qu'Auguste éleva Agrippa, quoique d'une naissance obscure, à un si haut dégré d'honneur, qu'aiant consulté un jour avec Mecénas sur le choix qu'il vouloit faire d'un mari pour sa fille Julie, Mecénas prit la liberté de lui dire qu'il falloit qu'il la mariât avec Agrippa, ou qu'il le fît mourir; qu'il n'y avoit point de milieu, au point d'élevation où il l'avoit mis. Séjan étoit parvenu à une si grande amitié avec Tibére, qu'on parloit de l'un & de l'autre, comme s'ils n'avoient été qu'une même personne : & l'on trouve dans une lettre que Tibére lui écrivit, *hæc pro amicitia nostra non occultavi.* Aussi le Sénat pour consacrer cette grande affection de l'Empereur pour Sejan, fit élever un autel à l'amitié, conme à une Déesse. Il y eut encore une extrême amitié entre Septimus Severus & Plantianus ; car Septimus obligea son fils aîné à épouser la fille de Plantianus qu'il soutenoit en toutes occasions, pendant même qu'il maltraitoit extrêmement son fils. Il écrivit aussi une lettre au Sénat, dans laquelle il y avoit ces paroles : *J'aime tant cet homme, que je souhaite qu'il me survive.* Si ces princes eussent été de l'humeur de Trajan ou de Marc-Aurele, on pourroit attribuer cette tendresse à un excès de bon naturel ; mais ceux dont je parle, étant si politiques & si sevéres, on peut juger qu'ils trouverent que leur félicité, quoique montée en apparence au plus haut point, seroit cependant imparfaite, s'ils ne faisoient choix d'un ami. Et ce qu'il y a en-

core de plus remarquable, c'est
que ces Princes avoient des
femmes , des fils , & des ne-
veux ; tout cela cependant ne
peut pas suppléer à la douceur
qui se trouve dans le commerce d'un véritable ami.

Je ne dois pas oublier ici
ce que Philippe de Comines
remarque du duc Charles le
Hardy son premier maître ; il
ne voulut jamais , dit-il , communiquer ses affaires à personne qui vive , & encore moins les
choses qui le travailloient dans
l'ame. Il ajoûte que cette humeur cachée augmenta encore
dans les derniers tems de sa vie ,
& contribua à déranger son entendement : mais vraisemblablement Comines ne se fut pas
trompé , s'il eût encore porté
le même jugement de Louis
XI. son second maître , à qui
cette humeur sombre & cachée

fervit de bourreau fur la fin de fes jours.

Je trouve cette expreffion fymbolique de Pitagore fort obfcure, & cependant véritable : *Cor ne edito* , ne mange point ton cœur ; comme s'il vouloit dire par cette maniére fauvage de s'expliquer , que ceux qui manquent de vrais amis avec lefquels ils puiffent communiquer, font des Cannibales de leur propre cœur. Il y une chofe admirable dans ce commerce de l'amitié; c'eft que cette union, & cette communion d'un ami produit deux effets contraires , qui font de redoubler la joie, & de diminuer les afflictions ; car il n'y a perfonne qui en faifant part à fon ami de ce qui lui arrive d'heureux , ne fente augmenter fa joie par le recit qu'il en fait : & au contraire celui qui, pour ainsi dire, verse son cœur dans le sein de son ami, en lui racontant ses douleurs & ses afflictions, en sent diminuer le poids. Cela supposé, on peut dire avec raison que l'amitié produit dans l'esprit de l'homme les mêmes effets que les Alchimistes attribuent ordinairement à leurs poudres, & à leurs élixirs, dont les opérations (si on les en veut croire) bien que contraires en elles-mêmes, sont cependant toûjours utiles à la santé & à la conservation de la nature. Mais pour prouver les avantages de l'amitié, nous n'avons pas besoin de recourir aux opérations de l'Alchimie; le cours ordinaire des choses naturelles peut en servir de preuve suffisante: car nous voions que dans le corps, l'union nourrit & fortifie les actions naturelles, &

u contraire elle affoiblit & ar-
ête les impulsions violentes.
L'union des esprits produit le
même effet.

Le second fruit de l'amitié
est aussi utile pour éclairer l'entendement , que le premier
pour calmer les passions de
l'ame. C'est l'amitié seule qui
dissipe les nuages & les broüillards qui nous offusquent. C'est
elle qui donne une vraie lumiére à l'esprit , en chassant
bien loin la confusion & l'obscurité de nos pensées ; & ceci
ne doit pas s'entendre seulement d'un sage & fidele conseil
qu'un homme reçoit de son
ami. Mais il est certain que celui qui a l'esprit agité & broüillé de plusieurs pensées, sentira
fortifier son entendement & sa
raison, quand il ne feroit simplement que discourir avec son
ami , & lui rendre compte de

ce qui l'occupe ; car il débat ses penſées, il les range avec plus d'ordre, il voit mieux quelle face elles ont, quand elles ſont exprimées par des paroles : enfin il devient, pour ainſi dire, plus prudent que ſoi-même ; & un raiſonnement d'une heure fera plus d'effet ſur ſon entendement, que la méditation d'un jour entier.

Thémiſtocles eut raiſon de dire au Roi de Perſe, que les diſcours des hommes ſont ſemblables à des tapiſſeries déploiées & tendües, où l'on voit ſans peine les figures & les portraits qu'elles contiennent ; mais que leurs penſées reſſemblent à des tapiſſeries ploiées & enpaquetées. Ce ſecond fruit de l'amitié qui conſiſte à nous ouvrir l'eſprit, ne paroît avoir lieu qu'avec les amis d'un jugement ſupérieur. Cependant l'hom-

l'homme en se communiquant
à un autre, peut s'instruire
lui-même, en mettant ses pensées au jour : il les voit mieux,
il éguise, pour ainsi dire, son
esprit contre une pierre qui ne
coupe point. En un mot, il seroit plus avantageux à l'homme de découvrir aux arbres &
aux statuës ce qui l'afflige dans
l'ame, que de garder un obstiné
silence. A présent pour mettre
dans toute sa perfection ce second fruit de l'amitié, ajoûtez
ce dont nous avons déja parlé,
& qui est ce qui tombe le plus
ordinairement sous les sens du
vulgaire, je veux dire, le fidéle
conseil d'un véritable & sage a-
mi. Héraclite a eu raison de dire dans une de ses enigmes, que
la lumiére féche étoit la meilleure ; & il est certain que la
lumiére que l'on reçoit par le
conseil d'un ami, est ordinai-

rement plus féche & plus pure que celle qu'on peut tirer de fon propre entendement, qui eſt toûjours arroſé ou teint par nos paſſions: de maniére qu'il y a autant de différence entre les conſeils qu'on reçoit d'autrui & celui qu'on ſe donne à foi-même, qu'il y en a entre le conſeil d'un ami, & celui d'un flatteur: car l'homme eſt toûjours à lui-même ſon plus grand flatteur; & il n'eſt point de meilleur reméde contre cette flatterie, que la liberté d'un ami.

Il y a deux ſortes de conſeils; l'un pour les mœurs, & l'autre pour les affaires. A l'égard du premier, les avis ſincéres d'une perſonne qui nous aime, eſt le meilleur préſervatif dont on puiſſe uſer pour conſerver un cœur ſain. Se rendre à ſoi-même un compte trop exact & trop ſevére de ſes propres ac-

tions, est quelquefois une médecine plus violente qu'il ne
faut, & trop corrosive. La lecture des livres de morale n'a pas
souvent la force nécessaire pour
nous instruire à fond. Obser-
ver nos fautes, & les considérer en autrui, comme dans un
miroir, a aussi l'inconvenient
du miroir qui ne rend pas toûjours les images justes. Mais le
conseil d'un véritable ami, est
sans comparaison le meilleur
antidote qu'on puisse prendre.
C'est une chose étonnante de
considérer dans combien de
fautes grossiéres & d'absurdités
tombent beaucoup de personnes, & principalement les
grands, pour n'avoir pas un
ami qui les avertisse à propos.
Telles gens, dit saint Jacques,
imitent ceux qui se regardent
dans un miroir, & qui oublient
aussi-tôt leur propre figure.

A l'égard des affaires, c'est un vieux proverbe, *que deux yeux voient mieux qu'un*. Il est certain aussi que celui qui regarde joüer, voit mieux les fautes que celui qui joue ; enfin qu'on tire mieux d'un mousquet appuié sur une fourchette, que s'il étoit appuié sur le bras ; & de même qu'on est mieux conseillé par un ami, que si on avoit la folle imagination de se croire seul capable de tout, & qu'on ne voulût être aidé de personne ; car il est indubitable que le conseil dirige & assure les affaires. Mais si quelqu'un s'avise de prendre conseil par parties, c'est-à-dire, de différentes personnes, ou sans exposer toute l'affaire, je ne dirai pas qu'il fasse mal absolument, c'est-à-dire, qu'il ne fasse peut-être mieux que celui qui ne prend

onseil de personne, mais il
'expose à deux grands dangers:
'un de n'être pas conseillé fi-
élement, parce que celui à
qui il s'adresse n'étant pas vé-
itablement son ami, il ne pen-
era qu'à son intérêt particu-
er ; l'autre de recevoir des
onseils nuisibles ou qui seront
our le moins mêlés de bien &
e mal, & peut-être sans que
elui qui les donne le fasse par
nauvaise intention : de même
ue si nous appellons un mé-
ecin expert dans la maladie
ue nous avons, mais qui ne
onnoisse pas notre tempéra-
ient, nous courons risque
u'en nous soulageant d'un cô-
é, il ne nous nuise de l'autre;
 que pour guérir la maladie,
 ne tue le malade. Un véri-
able ami n'en use point ainsi:
u contraire, nous connoissant
 fond, il aura soin de nous

donner des remédes si convena-
bles à notre compelxion, qu'ils
ne nous feront pas tomber dans
de nouveaux accidens. Tout
cela sont des raisons pour ne pas
compter sur ces derniers con-
seils qui sont plus propres à sé-
duire ou à éblouïr, qu'à remédier en effet aux affaires.

A ces deux excellens effets
de l'amitié qui sont l'union des
affections & le support de l'entendement, se joint le troisiéme que je compare à une gre-
nade pleine de plusieurs petits
grains ; car on trouvera dans
l'amitié plusieurs petits secours
dans toutes les occurrences de
la vie. Mais la meilleure maniére d'en comprendre tous les
divers usages, c'est d'examiner
combien de choses nous ne pouvons pas faire par nous-mêmes;
& par-là nous appercevrons
que les Anciens ne dirent pas

affez en difant ; *qu'un ami étoit
un autre foi-même*, puifque très-
fouvent un ami peut faire plus
pour nous, que nous-mêmes.

Les hommes font mortels, &
fouvent leur vie ne dure pas affez pour voir l'accompliffement
des deffeins qu'ils ont eû le plus
à cœur ; comme d'établir leurs
familles, de mettre la derniére
main à quelque ouvrage, & autres chofes femblables. Mais
celui qui a un véritable ami ,
peut s'affurer que ce qu'il a
fouhaité ne fera pas oublié
après lui ; & de cette maniére
un homme a , pour ainfi dire ,
deux vies en fa puiffance. Un
corps ne peut occuper qu'une
certaine place : cependant par
le moien de l'amitié , il femble
que chaque faculté fe double
& fe multiplie. Combien y a-
t'il de chofes qu'un homme ne
fçauroit faire ni dire lui-même

avec bienséance ? On ne peut parler de son propre mérite, ni se loüer soi-même sans être accusé de vanité ; on ne sçauroit aussi quelquefois s'abaisser jusqu'à demander une grace à quelqu'un, & plusieurs autres choses de cette nature : mais ce qui feroit rougir celui que l'affaire regarde directement, a toûjours bonne grace dans la bouche de son ami. Il y a encore d'autres bienséances qu'un homme est obligé de garder. Il ne peut parler à son fils, qu'en qualité de pere ; à sa femme, que comme mari ; à son ennemi, que comme ennemi, au lieu qu'un ami parle suivant que l'occasion le demande, sans que rien l'arrête ni l'embarrasse. Mais je ne finirois jamais, si je voulois mettre ici tous les services qu'on peut tirer de l'amitié. Cette derniére

maxime

maxime le fera comprendre.
Lorſqu'un homme ne peut pas
joüer ſeul ſon perſonnage, &
qu'il n'a point d'ami, il faut de
néceſſité qu'il abandonne la
partie.

DE LA

DIFFORMITE'.

LES personnes difformes se vangent ordinairement de la nature. La nature leur a été contraire ; ils sont à leur tour contraires à la nature, comme dit l'Ecriture, & ils n'ont aucune affection naturelle. Il est certain qu'il se trouve toûjours beaucoup de rapport entre le corps & l'esprit. Lorsque la nature erre dans l'un, il est rare qu'elle n'erre aussi dans l'autre. *Ubi peccat in uno, periclitatur in altero.* Mais comme il y a élection dans l'homme pour la forme de son esprit, & nécessité pour celle de son

corps , les inclinations naturelles peuvent être vaincues
par l'application & par la vertu. On ne doit donc pas regarder la difformité comme un
signe assuré d'un mauvais naturel , mais comme une cause
qui manque rarement son effet.
Quiconque a un défaut per-
sonnel qui l'expose au mépris ,
a aussi un éguillon qui le presse
continuellement de se délivrer
du mépris ; c'est pour cela que
les difformes sont toûjours audacieux, d'abord pour leur propre défense , & ensuite par habitude. Ils ont aussi beaucoup
d'adresse à découvrir les défauts
& les foiblesses des autres ,
pour trouver de quoi se vanger.
La difformité qui les fait regarder avec mépris par leurs
supérieurs , diminue la jalousie
& les soupçons qu'ils pour-
roient conserver contre eux ;

elle endort aussi l'émulation de leurs compétiteurs , qui ne sçauroient s'imaginer qu'ils puissent s'avancer jusqu'à ce qu'ils les voient tout d'un coup en place. Ainsi avec un grand génie, la difformité est un avantage pour s'élever.

Les Rois avoient ancienne-ment & ont encore aujourd'hui dans quelque pays beaucoup de confiance aux eunuques , parce que ceux qui font mé-prisables à tous , ont ordinai-rement plus de fidélité pour un seul ; mais on les regarde plûtôt comme de bons espions & des rapporteurs adroits , que comme des gens propres pour le ministére ou pour la magistra-ture. Les difformes leur res-semblent : & ceci se rapporte à ce que nous avons déja dit, qu'il est certain, lorsqu'ils ont de l'esprit, qu'ils ne négligent

rien pour se délivrer du mépris,
soit par la vertu , ou par le cri-
me. On ne doit donc pas s'é-
tonner s'il s'en trouve quelquefois qui font des hommes excellens, comme Agesilaus, Zon-
ger fils de Soliman , Esope ,
Gisca président du Perou. On
pourroit peut-être ajoûter Socrate & beaucoup d'autres.

DE LA VERITE'.

QU'EST-CE que la vérité, disoit Pilate en se moc- quant, & sans vouloir écouter la réponse? Il y a des gens qui aiment le doute, & qui regar- deroient comme un esclavage d'être assurés de la vérité. Ils veulent joüir du libre arbitre à l'égard de leurs pensées, de même qu'à l'égard de leurs actions. Quoique cette secte de philosophes qui faisoient pro- fession de douter de toutes cho- ses ne subsiste plus à présent, on voit encore certains es- prits qui semblent attachés aux mêmes principes, & dont l'in- clination est pareille, mais ils n'ont pas la force des anciens;

ce n'eſt pas la difficulté & le
travail extrême qu'il en coûte
pour trouver la vérité , ni le
frein qu'elle met à nos penſées,
lorſqu'on l'a trouvée, qui donne le goût pour le menſonge,
mais un amour naturel , quoique dépravé , pour le menſonge même. Un Philoſophe des
plus modernes de l'école Grec-
que examine & paroît embar-
raſſé à trouver la raiſon pourquoi les hommes aiment le
menſonge, qui ne leur donne
pas du plaiſir, comme ceux des
Poëtes , ni du profit , comme
ceux des marchands , mais uniquement pour le menſonge
même. Pour moi je crois que
comme le grand jour convient
moins pour les jeux du théatre que la lumiére des flam-
beaux , ainſi la vérité n'eſt pas
ſi propre que le menſonge pour
les bagatelles de ce monde , &

T iiij

plaît moins par conséquent à la plûpart des hommes. La vérité eſt une belle perle qui a beaucoup d'éclat ; mais ſi on ne la met pas dans ſon jour, elle brille moins que les pierres du plus bas prix. Certainement un mêlange de menſonge ajoûte toûjours quelque plaiſir. Il n'eſt pas douteux que ſi l'on ôtoit de l'eſprit de l'homme les vaines opinions, les eſpérances flatteuſes, les fauſſes préventions, les imaginations faites à plaiſir, il ne tombât dans la mélancolie, le chagrin, & l'ennui. Un des peres dont la ſévérité me ſemble extrême dans cette occaſion, appelle la Poëſie, *vinum demonum*, parce qu'elle remplit l'imagination de choſes vaines ; elle n'eſt cependant que l'ombre du menſonge. Mais ce n'eſt pas le menſonge qui paſſe par l'eſprit qui

fait le mal, c'eſt celui qui y
entre, & qui s'y fixe, comme
celui dont nous avons parlé.

De quelque maniére qu'il en
ſoit du jugement & des affec-
ions dépravées de l'homme, la
vérité qui eſt ſeule ſon juge
nous apprend que celui qui
comme ſon amant la recherche, la connoît, la ſouhaite,
& en joüit, poſſéde le plus
grand bien de la nature humaine.

La premiére choſe que Dieu
créa dans l'univers fut la lumiére des ſens, & la derniére celle
de la raiſon ; l'illumination de
l'eſprit de l'homme eſt ſon ouvrage perpétuel. Il créa premiérement la lumiére ſur la
face de la matiére, & puis ſur
la face de l'homme, & il répan-
dit toûjours de la lumiére ſur
ſes élûs. Un Poëte qui a été
l'ornement d'une ſecte de Phi-

losophes , d'ailleurs inférieure aux autres, dit avec raison: Quel plaisir de contempler du rivage des vaisseaux battus de la tempête ? Quel plaisir de voir du haut d'un château une bataille, & ses divers événemens ? Mais quel plaisir est égal à celui d'être sur le sommet de la vérité, montagne presque inaccessible, où l'air est toûjours serein ; & considérer de-là les erreurs, les égaremens, les broüillards, & les tempêtes , pourvû qu'on les regarde d'un œil compatissant, & non pas avec orgueil. Certainement lorsque l'esprit humain est mû de la charité, qu'il se repose sur la Providence , & qu'il tourne sur l'axe de la vérité , il s'éleve jusqu'au ciel pendant cette vie. Mais passons de la vérité théologique & philosophique, à la vérité , ou plûtôt à la bonne foi

ans les affaires. Ceux-mêmes
ui ne la pratiquent pas, ne
euvent nier qu'elle ne soit le
lus grand honneur de la natu-
e humaine.

La fausseté dans les affaires
essemble au plomb qu'on mê-
e à l'or, qui rend l'or plus facile à travailler, mais qui diminue de sa valeur. Quoi de plus
honteux que d'être jugé faux
& perfide ! Aussi lorsque Mon-
agne cherche la raison pour
laquelle les menteurs sont si
méprisés, il dit avec beaucoup
d'esprit; *que c'est parce que celui
qui ment fait le brave avec Dieu,
& le poltron avec les hommes.* En
effet, un menteur insulte Dieu
& s'humilie devant les hommes.

On ne peut mieux exprimer
l'énormité de la fausseté & de
la perfidie, qu'en disant que ces
vices combleront la mesure,

& seront, pour ainsi dire, les derniéres trompettes qui appelleront le jugement de Dieu sur les hommes. Il est écrit, lorsque le Sauveur du monde reviendra, *non reperturum fidem super terram.*

DE L'ADVERSITE'.

CECI est une des plus belles sentences de Séné-
que, & digne d'un vrai Stoï-
cien. Les biens qui nous viennent de la prospérité, se font
souhaiter ; mais ceux qui viennent de l'adversité , attirent
admiration. *Bona rerum secun-
darum optabilia, adversarum mi-
rabilia.* Si tout ce qui est au-dessus de la nature s'appelle miracle , il est certain que c'est
principalement dans l'adversité
qu'on en voit.

Cette autre pensée de Séné-
que est encore fort belle (trop
belle pour un Payen) : *La vraie
grandeur est d'avoir en même tems
la foiblesse de l'homme, & la force*

de Dieu. C'est une pensée poëtique, & la Poësie fait briller davantage cette sorte de sublime : aussi les Poëtes s'en sont-ils servis. Leur fiction d'Hercule, qui semble nous peindre l'état du chrétien, est en effet la même pensée. Ils disent que lorsqu'Hercule fut détacher Promethée, qui représente la nature humaine, il traversa l'Océan dans un vase de terre. C'est donner une vive idée de la résolution, qui, dans la chair fragile, surmonte les tempêtes de ce monde. Mais laissons ces images si relevées.

La vertu de la prospérité est la tempérance ; la force est celle de l'adversité ; & dans la morale, la force est la plus héroïque des vertus. La prospérité est la bénédiction du vieux Testament : l'adversité celle du nouveau, comme une marque plus

ſſurée de la faveur de Dieu : &
même dans le vieux Teſtament,
on regarde aux Poëſies de
David, on y trouve plus d'E-
gies que de réjoüiſſances. Et
e pinceau du ſaint-Eſprit a
lus travaillé à peindre les af-
ſictions de Job, que la félicité
e Salomon.

La proſpérité n'eſt jamais
ans crainte & ſans dégoûts.
L'adverſité a ſes conſolations
& ſes eſpérances. On remarque
dans la peinture qu'un ouvrage
ſai ſur un fond obſcur plaît
davantage, qu'un ouvrage obſcur & ſombre ſur un fond clair.
Le plaiſir du cœur a du rapport
à celui des yeux. La vertu eſt
ſemblable aux parfums qui rendent une odeur plus agréable,
quand ils ſont agités & broyés.

La proſpérité découvre mieux
les vices, & l'adverſité les vertus.

DE LA

VENGEANCE.

L A vengeance est une sorte de justice injuste ; plus elle est naturelle, plus les loix doivent s'attacher à la déraciner. L'injure offense la loi, mais la vengeance de l'injure empiéte & s'arroge le droit de la Justice. En se vengeant, on se rend égal à son ennemi ; en lui pardonnant, on se montre son supérieur. C'est une vertu de Prince de sçavoir pardonner. Salomon dit : *Il est glorieux de mépriser une offense, ce qui est passé est sans reméde ; le présent & l'avenir, fournissent aux hommes sages assez d'occupa-tion.* Ceux qui s'occupent de

ce

e qui eſt paſſé , s'occupent de
ɓagatelles & de choſes inutiles.
Perſonne ne fait une injure
pour l'injure même ; mais pour
e profit , pour le plaiſir , ou
pour l'honneur qu'il compte
qu'il lui en reviendra. Me fâ-
cherai-je donc contre un homme , parce qu'il s'aime mieux
que moi ? Mais s'il m'offenſe
uniquement par mauvais naturel , il eſt en cela ſemblable
aux épines qui piquent , parce qu'elles ne peuvent faire autrement.

La vengeance contre les
offenſes où les Loix ne remé-
dient point, eſt la plus permiſe.
Mais qu'on prenne garde auſſi
qu'elle ſoit telle , qu'il n'y ait
point de punition par les loix ;
autrement votre ennemi aura
double avantage.

Il y a des perſonnes qui négligent une vengeance obſcu-

re, & qui veulent que leur ennemi fçache d'où lui vient le coup. Cette vengeance eſt la plus généreuſe. Alors il paroît que vous cherchez moins à faire du mal à votre ennemi, qu'à l'obliger à ſe repentir. Mais ceux qui ſont d'une nature baſſe & poltrone, reſſemblent à des fléches tirées pendant la nuit. Coſme duc de Florence trouvoit que les offenſes d'un ami perfide étoient impardonnables. *Il nous eſt commandé,* diſoit-il, *de pardonner à nos ennemis, mais nullement à nos amis.* L'eſprit de Job eſt plus digne de loüange. Il dit, *qu'ayant reçu le bien de la main de Dieu, nous devons, ſans nous plaindre, en recevoir le mal ;* & c'eſt ce que nous pouvons dire en quelque ſorte des amis qui nous abandonnent. Celui qui médite une vengeance, empê-

che ses propres blessures de se
fermer.

Le public est ordinairement
heureux dans ses vengeances.
La mort de César, celle de Per-
tinax, & de plusieurs autres,
en font des preuves. Mais il
n'en est pas de même des vengeances particuliéres. Les personnes d'un esprit vindicatif,
font la plûpart comme les sor-
ciers, qui font des malheureux ;
mais qui à la fin font malheureux eux-mêmes.

DE L'ATHEISME.

JE croirois plûtôt toutes les fables de l'Alcoran & du Talmuth, que de croire qu'il n'y a pas un Esprit qui a créé & qui gouverne le monde. Aussi Dieu n'a jamais fait de miracles pour convaincre les Athées, parce que ses ouvrages doivent suffire. Il est vrai qu'un peu de Philosophie fait incliner à l'Athéisme ; mais un plus grand sçavoir dans la Philosophie, ramene l'esprit à la connoissance d'un Dieu. Celui qui considérera les causes secondes separées & desunies, pourra s'y borner & n'aller pas plus loin ; mais s'il les observe liées & enchaînées les unes aux autres,

l eſt forcé d'avoir recours à
ne ſageſſe infinie qui a créé
e tout, & qui en maintient
arrangement. Enfin il eſt obli-
é de reconnoître un Dieu.
'école la plus ſuſpecte d'A-
héiſme eſt celle en quelque
orte qui prouve davantage
u'il y a un Dieu, je veux dire
école de Leucippe, de Dé-
ocrite, & d'Epicure; car il
e paroît moins abſurde de
enſer que quatre élemens
hangeans & muables, & une
inquiéme eſſence immuable,
lacée dûment & de toute
ternité, puiſſe ſe paſſer d'un
ieu, que de me figurer ſui-
ant leur opinion, qu'un nom-
re infini d'atômes & de ſemen-
es, par un ſecours purement
ortuit, ont pû ſans la direc-
on d'un Dieu, produire cet
rdre & cette beauté de l'U-
ivers.

La sainte Ecriture dit : *Dixit inspiens in corde suo , non est Deus.* Elle ne dit pas qu'il le pense, mais qu'il se le dit lui-même, plûtôt comme une chose qu'il souhaite , que comme une chose dont il est persuadé. Personne ne nie la Divinité que ceux qui croient avoir intérêt qu'il n'y en ait point ; & rien ne prouve davantage que l'Athéisme est plûtôt sur les lévres que dans le cœur , que de voir que tous les Athées aiment à parler de leur opinion, comme s'ils cherchoient l'approbation des autres pour s'y fortifier. On en voit aussi qui tâchent de se faire des disciples de même que les autres sectes ; & il s'en est trouvé, ce qui est plus encore , qui ont mieux aimé mourir, que de rénoncer à leur opinion. S'ils croient qu'il n'y a pas de Dieu,

le quoi se mettent-ils en peine ?
On prétend qu'Epicure n'en-
eigna qu'il y avoit des êtres
eureux qui joüissent d'eux-
mêmes sans prendre part à ce
qui se passe dans le monde,
que pour ne pas hazarder sa
réputation ; mais qu'au fond
l ne croioit pas en Dieu, &
qu'il voulût cependant s'ac-
commoder au tems. On l'ac-
cuse à tort. Ces paroles de lui
font divines : *Non deos vulgi*
negare prophanum, sed vulgi opi-
niones diis applicare prophanum.
Platon même n'eût pas pû
mieux dire. D'où il paroît que
quoiqu'Epicure eût l'audace de
nier l'administration des dieux,
il ne pouvoit cependant nier
leur nature. Les Americains
n'ont point de terme qui si-
gnifie Dieu, quoiqu'ils aient des
noms pour chacun de leurs
dieux. On peut inferer de-là

que les nations les plus barba-
res, sans comprendre la grandeur de la Divinité, en ont
cependant une idée imparfaite;
de sorte que les Sauvages s'u-
nissent avec les plus grands
Philosophes contre les Athées.

Un Athée contemplatif ne
se trouve guéres; il y a Diago-
re, Bion, Lucien peut-être,
& peu d'autres, encore que
sçait-on s'ils ne le paroissent pas
plus qu'ils ne le sont? En effet
tous ceux qui combattent une
religion, ou une superstition
reçue, sont toûjours accusés
d'Athéisme par le parti contraire. Mais les plus grands Athées
sont les hipocrites qui manient
les choses saintes sans aucun
sentiment de religion : de maniére qu'il faut à la fin que leur
conscience se cauterise.

Ceux qui nient la Divinité,
détruisent ce qu'il y a de plus
noble

noble en l'homme. Certainement l'homme reſſemble aux
bêtes par le corps ; & ſi par ſon
ame il ne reſſembloit pas à
Dieu, ce ſeroit un animal vil
& mépriſable : ils détruiſent
auſſi l'élevation & la magnanimité de la nature humaine. Re-
gardez un chien, combien il
montre de courage & de géné-
roſité, lorſqu'il ſe trouve ſou-
tenu de ſon maître qui lui tient
lieu de Dieu, ou d'une nature
ſupérieure. Son courage eſt
manifeſtement tel, qu'il ne
ſçauroit l'avoir à ce point ſans
la confiance qu'il a en une nature meilleure que la ſienne.
De même, l'homme qui ſe re-
poſe & qui met ſes eſpérances
en Dieu, en tire une force &
une vigueur, à laquelle ſans
cette confiance il ne ſçauroit
atteindre. Ainſi comme l'athéiſ-
me eſt digne de haine en tou-

tes choses, il la mérite encore plus en ce qu'il prive la nature humaine de l'unique moien qu'elle a de s'élever au-dessus de sa foiblesse. Comme il produit cet effet sur les particuliers, il le produit de même sur les nations entiéres. Jamais peuple n'a égalé celui de Rome en magnanimité. Ecoutez ce que dit Ciceron :

Quam volumus licèt, Patres Conscripti, nos amemus, tamen nec numero Hispanos, nec robore Gallos, nec calliditate Pœnos, nec artibus Græcos, nec denique hoc ipso hujus Gentis & terra domestico, nativoque sensu Italos & Latinos, sed pietate ac religione, atque hâc unâ sapientiâ quod deorum immortalium nomine omnia regi, gubernarique perspeximus, omnes Gentes, Nationesque superavimus.

DE LA
SUPERSTITION.

LA superstition sans voile est difforme : & comme la ressemblance d'un singe avec un homme fait paroître cet animal plus laid, la ressemblance de la superstition avec la religion la fait paroître aussi plus difforme. De même encore que les meilleures viandes se corrompent & se changent en petits vers, la superstition change la bonne discipline, & les coûtumes vénérables en momeries & en cérémonies superficielles.

Quelquefois on tombe dans une sorte de superstition pour vouloir éviter la superstition.

C'eſt ce qui arrive lorsqu'on cherche à s'éloigner de celle qui eſt déja reçue. Il faut tâcher d'éviter l'effet des mauvaiſes médecines qui détruiſent les bonnes humeurs en même tems que les mauvaiſes. Cela arrive ordinairement quand le peuple eſt le réformateur.

DE LA
BONTE' NATURELLE,
ET ACQUISE.

J'ENTENS par bonté une qualité naturelle qui fait qu'on souhaite du bien aux hommes. Les Grecs l'appellent *Philantropia*. Le terme d'humanité ne l'exprime pas assez. J'appelle bonté, l'habitude de faire du bien ; & bonté naturelle, l'inclination à faire du bien. Celle-ci est la plus grande de toutes les vertus, & le caractére de la Divinité. Sans elle l'homme ne seroit qu'un animal inquiet, méchant, malheureux, une espéce d'insecte nuisible.

La bonté morale répond à la

charité Chrétienne ; elle n'est point sujette à l'excès, mais à l'erreur. Une ambition excessive a causé la chûte des Anges. Un désir de science excessif a fait chasser l'homme du Paradis ; mais dans la charité, il ne sçauroit y avoir d'excès. Par elle les Anges ni les hommes ne courent aucun risque.

L'inclination à la bonté est enracinée dans la nature humaine : lorsqu'elle ne trouve pas à s'exercer envers les hommes, elle s'exerce envers les bêtes. On peut le remarquer chez les Turcs, ils font des aumônes aux chiens & aux oiseaux. Busbecq rapporte là-dessus, qu'un orfévre Venitien courut risque à Constantinople d'être lapidé par le peuple, pour avoir mis un baillon au long bec d'un oiseau. Cependant cette vertu de bonté & de cha-

rité a ſes erreurs. Les Italiens
ont un mauvais proverbe, qui
dit : *Tanto buono che non vale
niente.*

Pour éviter le ſcandale &
le danger, il eſt bon de ſçavoir
les erreurs d'une habitude ſi
excellente. Chercher les biens
d'autrui ſans ſe laiſſer ſédui-
re à ſon air compoſé ; c'eſt une
foibleſſe dont une ame timorée
ſe rend quelquefois eſclave. Ne
jettez pas une perle au cocq
d'Eſope, qui ſeroit plus content
& plus heureux avec un grain
de blé. Vous avez l'exemple de
Dieu pour vous inſtruire. *Plu-
vià ſuâ rigat, ſole ſuo irradiat
juſtos ac injuſtos.* Mais il ne diſ-
penſe pas également ſur tous
les hommes les richeſſes & les
honneurs. Des bienfaits communs doivent être communi-
qués à tout le monde ; mais il
faut du choix pour les particu-

liers. En faisant la copie, prenez garde de ne pas rompre l'original : l'amour de nous-mêmes est l'original. Suivant la théologie, celui du prochain est la copie. *Vende omne quod habes, atque elargire pauperibus, & sequere me.* Mais ne vendez pas tout ce que vous avez sans venir à ma suite : c'est-à-dire, si ce que vous attendez, n'est pas pour vous un bien plus considérable, que ce que vous abandonnez : autrement pour grossir le ruisseau, vous taririez la source.

Non seulement il y a une habitude de bonté dirigée par la raison, mais il y a aussi dans quelques personnes une disposition naturelle à faire du bien, comme en d'autres une envie naturelle de nuire.

La malignité simple consiste à paroître de mauvaise humeur,

à avoir l'esprit chagrin , être
sujet à contredire , difficile à
manier, &c.

Mais l'autre espéce de malignité qui est plus forte , porte
à l'envie. Ceux qui y sont sujets, tirent leur plus grand plaisir des malheurs d'autrui, & les
augmentent autant qu'il leur
est possible, pires que les chiens
qui léchoient les plaies du La-
zare , & semblables aux mou-
ches qui s'attachent sur les blessures, & les corrompent davantage. Ce sont des Misantropes ,
qui sans avoir dans leur jardin
cet arbre si commode de Timon , voudroient cependant
mener pendre tous les hommes;
mais on peut en faire de bons
politiques , de même que le
bois courbé est propre pour faire des vaisseaux destinés à être
agités , mais non pas pour des
maisons qui restent en place.

Il y a plusieurs marques différentes de bonté. Si un homme est empressé & obligeant pour les Etrangers, il fait voir qu'il est citoyen du monde. S'il a de la compassion pour les afflictions des autres, il montre que son cœur est semblable à cet arbre noble qui est blessé lui-même, lorsqu'il donne le baume; s'il pardonne & s'il oublie facilement les offenses, c'est une marque que son ame est au-dessus des injures: s'il est sensible aux petites graces, c'est une preuve qu'il ne regarde qu'à l'intention. Mais sur-tout s'il a la perfection de saint Paul, qui souhaitoit d'être anathême en Jesus-Christ pour sauver ses freres, c'est une marque d'une nature divine, & une espéce de conformité à Jesus-Christ même.

DE LA MORT.

LES hommes craignent la mort, comme les enfans l'obscurité ; & comme cette crainte naturelle dans les enfans est augmentée par les fables qu'on leur raconte, on augmente de la même maniére dans l'esprit des hommes la crainte qu'ils ont de la mort.

C'est une chose louable de méditer sur la mort, si on la regarde comme une punition du péché, ou comme un passage à une autre vie. Mais c'est une foiblesse de la craindre, si on la regarde simplement comme le tribut qui est dû à la nature.

Il entre souvent de la vanité & de la superstition dans les

méditations pieuses. Il y a des
spéculatifs qui ont écrit qu'un
homme doit juger par la douleur qu'il souffre quelquefois
par un petit mal au doigt, combien est grande la douleur que
cause la mort, lorsque tout le
corps se corrompt & se dissout.
Mais souvent la fracture d'un
membre cause plus de douleur
que la mort même : les parties
les plus vitales ne sont pas les
plus sensibles.

Celui qui a dit (en parlant
simplement comme philoso-
phe) que l'appareil de la mort
effraie plus que la mort même,
a eu raison à mon sens. Les
gémissemens, les convulsions,
la pâleur, les pleurs de nos
amis, & la noire préparation
des obséques, c'est ce qui rend
la mort terrible.

On doit remarquer que toutes les passions ont plus de force

sur l'esprit de l'homme que la crainte de la mort ; elle nedoit pas être un ennemi si redoutable, puisque nous avons toûjours en nous de quoi la vaincre. La vengeance triomphe de la mort, l'amour la méprise, l'honneur la recherche, la douleur la souhaite comme un refuge, la peur la dévance, & la foi la reçoit avec joie. Nous lisons même que lorsqu'Othon se fût tué, la pitié qui est la plus foible des passions engagea plusieurs de ceux qui lui étoient attachés de se tuer par compassion pour lui. Senéque ajoûte à ceci l'ennui & le chagrin. *Songez*, dit-il, *combien de tems vous avez fait la même chose.* Parmi les anciens Payens les hommes courageux & d'un genie supérieur se préparoient de changer peu à l'approche de la mort : ils conservoient jusqu'au dernier moment le même caracte-re d'esprit. Auguste mourut en disant une politesse : *Livia con-jugii nostri memor, Vive & vale.* Tibére en dissimulant : *Les for-ces*, dit Tacite, *manquoient à Tibére, mais non pas la dissimula-tion.* Vespasien en raillant, étant à sa chaise, & se sentant défaillir, dit : *Vraiement, je crois que je deviens un dieu.* Les der-niers mots de Galba furent une sentence : *Frappez, si c'est pour le bien du peuple Romain ; & en même tems il tendit le col.* Sévére en faisant ses dépêches : *Allons, dépêchons, si j'ai encore quelque chose à faire.* Il en est de même de beaucoup d'autres.

Les Stoïciens se donnent trop de soins pour nous soulager de la crainte de la mort. Ils l'ont rendue plus terrible par leurs grands préparatifs. J'approuve davantage celui qui place tout

simplement la fin de la vie entre
les offices de la nature. Il est aussi naturel de mourir que de vivre, & peut-être on souffre autant en naissant qu'en mourant.
Celui qui meurt occupé de
quelque grand dessein, dont il
souhaite avec passion l'accom-
plissement, peut se comparer à
celui qui ne sent pas la douleur
d'une blessure dans la chaleur
d'une bataille. Mais sur-tout il
n'y a rien de plus doux que de
pouvoir chanter *nunc dimittis,*
quand on est parvenu à un but
digne d'estime & de gloire. La
mort produit encore ce bon effet : elle ouvre la porte à la rénommée, & détruit l'envie. *Ex-*
tinctus amabitur idem. Le même
homme sera aimé après sa mort.
Ainsi pensoient les Philosophes
du Paganisme. Mais malheur à
celui qui à la mort n'auroit
que de telles consolations, puis-

qu'il n'y a que la vraie religion qui puisse en procurer de
solides.

DE

DE LA
JEUNESSE,
ET DE LA
VIEILLESSE.

UN homme peut être jeune en années & vieux en heures, s'il n'a pas perdu son tems. Cela arrive rarement. La jeunesse ressemble aux premiéres pensées qui le cedent en prudence aux secondes. Car les pensées ont aussi leur jeunesse.

La jeunesse est fertile en inventions plus que la vieillesse. Elle est aussi féconde en imaginations vivés, & qu'on prendroit quelquefois pour des inspirations.

Les esprits très-vifs, pleins
Y

d'ardeur & de désirs violens, ne sont propres pour les affaires qu'après que leur jeunesse est passée, comme on peut le remarquer de Jules César, & de Septime Sévére. On dit du dernier : *Juventam egit erroribus, imò favoribus plenam.* Il a été cependant un des plus grands Empereurs. Mais un esprit flegmatique & rassis peut fleurir dès sa jeunesse : nous avons pour exemple, Auguste, Cosme de Medicis, Gaston de Foix, & d'autres. Quand le feu & la vivacité de la jeunesse se trouvent joints à un âge mûr, c'est une excellente composition pour les affaires. La jeunesse est plus propre à imaginer, qu'à raisonner, à exécuter, qu'à délibérer, & pour les nouveaux projets, que pour les affaires établies : car il y a des cas où les personnes d'un âge avancé peuvent

tirer avantage de leur expérience, mais dans les affaires toutes
neuves, elles les préoccupent
& les arrêtent.

Les erreurs des jeunes gens
les portent souvent à la destruc-
tion ; celles des vieillards sont
différentes. Ils manquent ordinairement en ne faisant pas
assez, ou assez-tôt.

Les jeunes gens embrassent
plus qu'ils ne peuvent atteindre, ils émeuvent plus qu'ils
ne sçauroient résoudre, ils volent au fait sans examiner assez
les moiens, ils suivent en aveu-
gles des principes qu'ils ont
pris par hazard, ils tentent les
remédes extrêmes dès le commencement, ils introduisent
des nouveautés qui attirent des
inconveniens qu'ils n'ont pas
prévûs, ils ne veulent point
avoüer ni retracter leurs erreurs ; & par-là ils les redou-

Y ij

blent, & se jettent plus vîte dans le précipice, comme un cheval qui ne veut ni tourner ni arrêter.

Les vieillards font trop d'objections, consultent trop long-tems, craignent trop les dangers, chancelent, & se repentent avant d'avoir failli, & menent rarement une affaire à sa perfection. Ils se contentent d'un succès médiocre. Un mêlange des deux auroit de grands avantages; pour le présent, les qualités des uns suppléeroient au défaut des autres; pour l'avenir, la modération des vieux seroit une instruction pour les jeunes. Enfin cet assemblage si bon en lui-même produiroit encore de bons effets à l'extérieur, parce que les vieillards ont l'autorité pour eux, & les jeunes gens la faveur, & plus de popularité.

Peut-être la jeuneſſe a-t'elle l'avantage dans la morale, & les vieillards dans la politique. Un certain Rabin ſur le texte *juvenes veſtri videbunt viſiones, & ſenes veſtri ſomniabunt ſomnia*, inſére que les jeunes gens ſont admis plus près de Dieu que les vieillards, parce qu'une viſion eſt une révolution plus manifeſte qu'un ſonge.

Plus on s'imbibe du monde, plus on doit s'en enyvrer. La vieilleſſe perfectionne le raiſonnement, plus qu'elle ne corrige les déſirs ou la volonté.

Il y a des eſprits prématurés qui deviennent inſipides dans la ſuite, qui ſont trop aigus, & qui perdent leur pointe, comme il arriva au Rhéteur Hermogene, qui a fait des livres très-ſubtils, & qui devint enſuite hebêté. De même encore ceux dont les facultés naturelles conviennent mieux à la jeuneſſe qu'à un âge avancé, comme une éloquence trop fleurie. Ciceron le remarque d'Hortenſius ſur ſa maniére de haranguer. *Idem manebat, neque idem dicebat.* Et ceux enfin qui s'élevent trop au commencement, & qui ſe trouvent dans la ſuite ſurchargés de leur propre grandeur, comme Scipion l'Africain duquel Tite-Live a dit : *Ultima primis cedebant.*

DES SOUPÇONS.

LES soupçons sont entre nos pensées ce que font les chauves-souris parmi les oiseaux, & comme elles ils ne volent que dans l'obscurité. On ne doit pas les écouter, ou du moins y ajoûter foi trop facilement ; ils obscurcissent l'esprit, éloignent les amis, & empêchent qu'on agisse constamment & avec assurance dans les affaires. Ils disposent les Rois à la tirannie, les maris à être jaloux, & les sages à la mélancolie & à l'irrésolution. Ce défaut vient plûtôt de l'esprit que du cœur, & souvent il trouve place dans des ames courageuses. Henri VII. Roi

 Essais de Politique,

d'Angleterre en est un exemple.
Jamais personne n'a été plus
courageux , ni plus soupçonneux que lui. Dans un esprit de
cette trempe , les soupçons n'y
font point tant de mal ; ils n'y
font reçus qu'après qu'on a exa-
miné leur probabilité ; mais sur
les esprits timides , ils prennent
trop d'empire.

Rien ne rend un homme plus
soupçonneux que de sçavoir
peu. On doit donc chercher à
s'instruire , comme un moien
de guérir ses soupçons. Les
soupçons sont nourris de fumée & dans les ténébres ; mais
les hommes ne font point des
Anges , chacun va à ses fins
particuliéres , & chacun est
attentif & inquiet sur ce qui le
regarde. Le meilleur moien de
modérer sa défiance , est de
préparer des remédes contre
les dangers dont nous nous
croions

croïons ménacés, comme s'ils devoient indubitablement arriver, & en même tems de ne pas trop s'abandonner à ſes ſoupçons, parce qu'ils peuvent être faux & trompeurs : de cette maniére il n'eſt pas impoſſible qu'ils nous deviennent même utiles.

Ceux que nous formons nous-mêmes ne ſont pas à beaucoup près ſi fâcheux que ceux qui nous ſont inſpirés par l'artifice, & le mauvais caractére d'autrui ; ceux-là nous piquent bien davantage. La meilleure maniére de ſe tirer du labyrinthe des ſoupçons, c'eſt de les avouer franchement à la partie ſuſpecte : par-là on découvre plus aiſément la vérité, & on rend celui qui eſt ſoupçonné plus circonſpect à l'avenir. Mais il ne faut pas uſer de ce reméde avec des

ames basses. Quand des gens
d'un mauvais caractére se
voient une fois soupçonnés,
ils ne sont jamais fidéles. Les
Italiens disent, *sospetto licencia
fede*, comme si le soupçon con-
gédioit & chassoit la bonne foi;
mais il devroit plûtôt la rappeller & l'obliger à se montrer
plus ouvertement.

DE L'AMOUR.

L'AMOUR eſt une paſſion plus utile au théatre, qu'à la vie de l'homme : auſſi ſert-elle de ſujet ordinairement aux comedies & aux tragédies ; mais elle eſt toûjours également dangereuſe pour les hommes, en ce qu'elle eſt quelquefois comme une Syréne, quelquefois comme une Furie.

On peut remarquer que parmi les grands hommes, ſoit de l'Antiquité ou des modernes, pas un ne s'eſt laiſſé transporter à un excès d'amour inſenſé ; c'eſt une preuve que les grands génies & les grandes affaires n'admettent point cette foibleſſe. Il faut cependant excepter Marc-Antoine, & Appius Claudius le Décemvir. Le premier étoit adonné à ses plaisirs, mais l'autre avoit mené une vie sage & austére. Preuve certaine que l'amour peut quelquefois s'emparer d'un cœur bien fortifié, si l'on n'y fait pas bonne garde.

L'idée d'Epicure est basse, quand il dit : *Satis magnum alter alteri theatrum sumus*. Comme si l'homme qui est formé pour contempler le ciel devoit se créer une idole, l'adorer ici bas, & mettre sa plus grande félicité (si ce n'est à satisfaire ses appetits gloutons comme les bêtes) du moins à joüir avec avidité des objets les plus capables de recréer ses yeux, qui lui ont été donnés cependant pour des sujets d'une plus haute dignité.

On doit considérer qu'il naît de cette passion des excès offençans pour toute la nature,

& qu'elle dégrade toutes choses jusqu'à vouloir établir pour
regle infaillible , que l'hyper-
bole ne convient qu'à l'amour.
On a eu raison de dire ; *adula-*
torum Principem , quocum cæteri
adulatores minores conspirant esse
unum quæ sibi ipsi. Mais un
amant est encore un plus grand
flatteur. L'opinion que peut
avoir de lui-même l'homme le
plus vain , n'approche pas de
celle d'un amant pour la personne qu'il aime : aussi rien
n'est plus vrai que ce qu'on a
dit ; *qu'il étoit impossible d'être*
amoureux & sage en même tems.
Cette frénésie paroît non seulement ridicule à ceux qu'elle ne
regarde pas ; mais si l'amour
n'est pas réciproque , elle le
paroît encore davantage à la
personne aimée , & qui n'aime
point. Il est certain , ou que
l'amour se paie par l'amour , ou

qu'il est très-méprisé ; & c'est encore une raison pour se tenir mieux en garde contre cette passion , qui nous fait perdre non seulement les choses les plus désirables , mais qui s'avilit aussi elle-même. Pour les autres pertes qu'elle cause , la fable nous les représente d'une manière très-claire , quand elle dit *que celui qui donna la préférence à Venus, perdit les dons de Junon & de Pallas*. Quiconque se livre à l'amour , renonce aux grandeurs & à la sagesse.

Nous sommes ordinairement surpris des accès de cette passion , lorsque notre esprit est le moins à lui même , c'est-à-dire, dans la grande prospérité , ou dans une extrême adversité. Ces deux tems (quoiqu'on n'ait pas fait encore cette remarque à l'égard du dernier) sont favorables à la naissance de l'amour,

& c'eſt une des preuves qu'il eſt l'enfant de la folie.

Ceux qui ne peuvent pas ſe délivrer de l'amour, doivent du moins ſe ſeparer de leurs affaires ſérieuſes. S'il y eſt une fois admis, il mettra tout en déſordre, & l'on ne travaillera plus pour le but qu'on s'étoit propoſé.

Je ne ſçai pas pourquoi les guerriers ſont ſi fort adonnés à l'amour, ſi ce n'eſt par la même raiſon qu'ils ſe livrent au vin; c'eſt-à-dire, parce que les périls veulent être paiés par les plaiſirs.

Il y a dans la nature humaine une inclination ſecrete qui porte à l'amour. Si cette inclination ne ſe fixe pas ſur une perſonne ſeule, elle s'étend naturellement ſur pluſieurs, & rend les hommes humains & charitables.

Z iiij

L'amour conjugal produit le genre humain ; l'amour ou l'amitié le rendent plus parfait ; mais l'amour débauché l'avilit & le corrompt.

DE
L'AMOUR PROPRE,
OU DE
L'INTEREST PARTICULIER.

LA fourmi eſt un animal, *ſibi ſapiens*, qui entend ſon intérêt particulier ; mais elle eſt nuiſible dans un jardin. Certainement ceux qui s'aiment trop ſont comme elle incommodes au public. Suivez un milieu raiſonnable entre votre intérêt & celui de la ſocieté. Soiez attentif à ce qui vous regarde, ſans contrecarrer ni oublier les intérêts des autres ; ſur-tout ceux de votre patrie & de votre Roi. Il y a de la baſſeſſe à faire de ſon intérêt particulier le centre de toutes ſes actions ; rien n'eſt plus terreſtre : car la

terre est fixe & arrêtée sur
son centre. Mais tout ce qu'a
de l'affinité avec les cieux, se
meut sur un centre étranger
auquel il est de quelque secours. Il est plus tolerable dans
les Princes de rapporter tout à
eux-mêmes, parce qu'un grand
nombre de personnes sont atta-
chées à leur sort, & que le bien
& le mal qui leur arrivent, se
partagent, pour ainsi dire, avec
le public. Mais ce défaut est
pernicieux dans ceux qui servent un Prince ou un Etat.
Toutes les affaires qui passent
par leurs mains, sont tournées
à leurs fins particuliéres, qui
sont le plus souvent fort éloig-
nées de celles de leur maître.
Les Princes & les Etats doivent donc choisir des Ministres
exemts de ce vice, sans cela leurs
affaires ne seront seulement qu'-
accessoires. Ce qui rend enco-

re ces fortes de caractéres plus dangereux , c'eſt qu'avec eux toutes fortes de propoſitions font perdues. Il eſt injuſte que les avantages de ceux qui ſervent ſoient préferés à ceux du maître qui eſt ſervi. Mais il eſt encore bien plus condamnable qu'un petit intérêt de celui qui ſert, ſoit préferé à un grand intérêt du maître. C'eſt cependant ce qui arrive ſouvent par la mauvaiſe foi d'une forte de Miniſtres, comme Tréſoriers, Ambaſſadeurs, Généraux d'armées, & tous autres Miniſtres qui manquent de fidélité. Les gens de ce caractére donnent un biais à leur boule pour attraper en paſſant leurs petits avantages, & renverſent par-là de grandes & importantes affaires. Ordinairement le profit qui leur en revient, eſt proportionné à leur état & à leur

fortune ; mais le mal qu'ils font
en échange est proportionné à
l'état ou à la fortune de leur
maître. Le naturel de ces gens
qui s'aiment par-dessus tout,
ne les porte point à mettre le
feu à la maison de leur voisin,
s'ils n'ont envie de faire cuire
un œuf. Cependant les Ministres de cette humeur sont souvent en crédit, parce qu'après
leur intérêt particulier, ils n'en
ont point de plus cher que de
plaire à leur maître ; & pour
ces deux choses qui ont souvent
du rapport ensemble, ils tra-
hissent les affaires dont ils sont
chargés.

Ce grand amour de soi-même
a diverses propriétés toutes pernicieuses. On croiroit quelquefois que les personnes qui s'y
livrent ont le même instinct
des rats qui leur fait déserter
une maison avant qu'elle ne

s'écroule. Quelquefois aussi ils
reffemblent au Renard qui
chaffe le Blereau du trou qu'il
avoit creufé pour lui-même, &
quelquefois enfin, pareils aux
crocodiles, ils pleurent & gé-
miffent pour dévorer.

On remarque que ceux qui
font du caractére que Ciceron
attribuoit à Pompée, c'eft-à-
dire, amans d'eux-mêmes & ordinairement fans rivaux, finif-
fent prefque tous par être malheureux. Ils n'ont facrifié toute
leur vie qu'à eux-mêmes, ils
deviennent enfin des victimes
pour la fortune, à laquelle cependant ils croient avoir coupé
les aîles par leur rare prudence.

DE L'ETUDE.

L'ETUDE sert à récréer l'esprit, ou à l'orner, ou à se rendre plus habile dans les affaires. A l'égard de la récréation ou du plaisir que fournit l'étude, ce n'est que dans une vie privée & retirée qu'on peut s'y livrer. L'ornement s'emploie dans le discours, & l'habileté paroît par la solidité du jugement, & par la maniére de conduire les affaires. On peut se rendre par l'expérience propre pour l'exécution & pour le détail d'une affaire en particulier ; mais le conseil en général, les projets, & la bonne administration, viennent plus sûrement du sçavoir.

Emploier trop de tems à la lecture ou à l'étude, n'est qu'une paresse qui a bonne mine. S'en servir trop pour orner son discours, est une affectation. Former son jugement purement sur les préceptes tirés des livres, est trop scolastique & très-incertain. Les lettres perfectionnent la nature, & sont perfectionnées par l'expérience. Les talens naturels, de même que les plantes, ont besoin de culture; mais les lettres apprennent les choses d'une maniére trop vague, si elles ne sont déterminées par l'expérience.

Les personnes adroites & artificieuses méprisent les lettres, les simples les admirent, les sages en font usage. Ce qu'on ne sçauroit tirer des lettres seules, c'est la prudence qui n'est pas en elles, qui est

au - deſſus d'elles , & qu'on
n'acquiert que par de ſages
réflexions.

Ne liſez point un livre avec un
eſprit critique pour en diſpu-
ter, ni avec trop de crédulité,
ni enfin pour faire uſage dans
vos diſcours de ce que vous au-
rez retenu; mais liſez pour examiner & pour penſer. Il y a des
livres dont il faut ſeulement
goûter, d'autres qu'il faut dévorer , & d'autres (mais en petit
nombre) qu'il faut mâcher &
digerer. J'ai voulu dire qu'il y a
des livres dont il ne faut lire que
des morceaux ; d'autres qu'il
faut lire tous entiers , mais en
paſſant ; & quelques autres ,
mais qui ſont rares, qu'il faut
lire & relire avec une extrême
application. Il y en a auſſi pluſieurs dont on peut faire tirer
des extraits ; mais ce ſont ceux
qui ne traitent pas des ſujets
importans,

importans, & qui ne sont pas
écrits par de bons Auteurs.

La lecture instruit, la dispute
& la conférence réveillent &
donnent de la vivacité. En
écrivant, on devient exact, &
on retient mieux ce qu'on lit.
Celui donc qui est paresseux à
faire des notes, a besoin d'une
bonne mémoire. Celui qui con-
fére rarement, a besoin d'une
grande vivacité naturelle ; & il
faut beaucoup d'adresse à celui
qui lit peu, pour cacher son ignorance.

L'étude de l'histoire rend un
homme prudent ; la Poësie, spi-
rituel ; les Mathématiques,
subtil ; la Philosophie naturelle, profond : la morale regle
les mœurs ; la Dialectique & la
Rhétorique le rendent habile
& disposé à disputer : *Abeunt
studia in mores.* Il n'y a presque
point de défaut naturel qu'on

ne puisse corriger par quelqu'é-
tude propre pour cet effet, de
même qu'on remédie aux maladies du corps par quelque
exercice convenable. Jouer à
la boule est bon pour la gravel-
le & pour les reins ; tirer de
l'arc, pour les poûmons &
pour la poitrine ; se promener
doucement, pour l'estomac ;
monter à cheval, pour la tête, de
même il est bon qu'un homme
qui n'a pas l'esprit posé & attentif, s'applique aux mathématiques ; car s'il est distrait
dans la démonstration, il fau-
dra qu'il recommence. S'il est
broüillé & peu exact dans
ses distinctions, qu'il étudie les
scolastiques, ils sont *Cymini
sectores.* S'il ne sçait pas bien
discourir d'une affaire, prouver & démontrer une chose
pour une autre, qu'il étudie
les Jurisconsultes. C'est ainsi

qu'on peut trouver dans l'é-
tude des remédes à tous les
défauts de l'esprit.

DE LA
VANITE'.

ESOPE a imaginé plai-
samment qu'une mouche
posée sur l'essieu d'une roue,
disoit : *Combien de poussiére j'éleve !* Il y a des gens si vains &
si présomptueux , que lorsqu'une chose va d'elle-même ,
ou par un pouvoir supérieur,
s'ils y ont eû la moindre part,
ils s'imaginent qu'ils ont tout
fait.

Les personnes qui ont beaucoup de vanité ont toûjours
l'esprit inquiet & entreprenant,
parce qu'il n'y a point d'ostentation sans une comparaison de
soi-même. Il faut aussi qu'ils

foient violens pour foutenir
leurs fanfaronades ; mais ils ne
fçauroient garder de fecret : ce
qui les rend moins dangereux.
Ils font plus de bruit que de
befogne , fuivant le proverbe
François. On peut cependant
en tirer quelquefois de l'utilité
dans les affaires , fur-tout pour
répandre des bruits , ce font
d'excellentes trompettes. Ils
font bons auffi , comme Tite-
Live l'a remarqué , dans le cas
d'Antiochus & des Œtoliens ;
car il y a des occafions où les
menfonges & les exagerations
peuvent fervir. Par exemple,
fi un homme veut engager deux
puiffances dans une guerre
contre une troifiéme , & qu'il
éleve outre mefure la puiffance
de chacun des deux , quand il
parle à l'un ou à l'autre , cela
peut avancer fon deffein. Quelquefois encore celui qui mé-

nage une affaire entre deux
particuliers, & qui exagere son
pouvoir sur l'esprit de l'un &
de l'autre, peut l'augmenter
réellement sur tous les deux,
& ainsi il arrive dans des cas
pareils, que quelque chose est
produit de rien : car un men-
songe produit une opinion, &
l'opinion une substance.

Il est à propos que les gens
de guerre soient glorieux. Comme le fer aiguise le fer, la gloire
des uns aiguise & réveille celle
des autres.

Dans des affaires de particuliers dangereuses & difficiles,
les esprits vains & présomptueux y donnent le branle, &
mettent les autres en train. Les
esprits plus solides & plus mo-
destes ont plus de lest que de
voile.

La réputation aussi des sça-
vans ne vole pas si haut sans

que la vanité y fourniſſe quelque plume. *Qui de contemnendâ
gloria libros ſcribunt , nomen
ſuum inſcribunt.* Socrate, Ariſ-
tote, Galien, étoient glorieux.
La gloire contribue à perpétuer
la mémoire ; & la vertu pour
être célébrée, doit moins attendre des hommes , que d'elle-
même. La réputation de Ciceron, de Senéque, & de Pline
le jeune , n'auroit pas duré
juſqu'à préſent, du moins avec
tant de force , s'ils n'avoient
pas eû un peu de vanité : elle
eſt ſemblable au vernis qui fait
durer le bois, & qui lui donne
auſſi du luſtre. Mais je ne pré-
tens pas parler de la qualité
que Tacite attribue à Mutien :
*Omnium quæ dixerat , feceratque ,
arte quadam oſtentator.* Ce n'eſt
pas une vanité, mais une prudence jointe à beaucoup de
grandeur d'ame qui eſt agréa-

ble & qui fied bien à certaines
personnes. Car dans les excu-
ses, dans les soumissions, &
même dans la modestie bien
ménagée, il se mêle souvent de
l'ostentation & de la vanité.

Le moien le plus adroit pour
flatter sa vanité, c'est celui,
dont parle Pline le jeune, qui
est de loüer d'un autre une
bonne qualité que l'on posséde
soi-même. En loüant ainsi un
autre, vous vous servez vous-
même; car il est supérieur ou
inférieur à vous dans la chose
que vous loüez. S'il est inférieur & qu'il mérite la loüange,
vous la méritez bien davantage.
S'il est supérieur, & qu'il ne
la mérite pas, vous la méritez
encore bien moins.

Les personnes vaines sont
méprisées des sages, admirées
des fols, les idoles & la proye
des Parasites, & les esclaves de
leurs propres défauts.   DE

DE L'AMBITION.

L'Ambition reſſemble à la colére. La colére rend un homme déterminé, actif, remuant, ſi elle n'eſt pas arrêtée; mais ſi on l'arrête dans ſon cours, elle s'aigrit & devient, pour ainſi dire, aduſte, par conſéquent plus dangereuſe & plus maligne. Il en eſt de même de l'ambition. Si un ambitieux trouve le chemin ouvert pour s'élever, & qu'il aille toûjours en avançant, il eſt plus agiſſant que dangereux. Mais ſi ſes déſirs ſont arrêtés, il devient mécontent en ſecret, il regarde de mauvais œil les hommes & les affaires, & n'eſt bien ſatisfait que lorſque tout va de travers:

ce qui est le plus grand de tous les défauts pour un Ministre. Il est donc bon, lorsqu'un Prince se sert d'un ambitieux, qu'il le conduise de maniére qu'il aille en avançant sans jamais reculer; sans quoi c'est donner lieu à bien des inconveniens, & il vaudroit beaucoup mieux ne le point emploier; car si ses services ne le font pas monter, il fera en sorte que ses services tomberont avec lui.

Puisque nous avons dit qu'il seroit à propos de ne point emploier des ambitieux, au moins sans nécessité, il faut examiner en quel cas il peut être nécessaire de s'en servir. On doit à la guerre choisir par préference les bons Géné-raux, quelque ambitieux qu'ils soient. L'utilité de leurs servi-ces l'emporte sur tout le reste; & vouloir qu'un homme de

guerre n'ait pas d'ambition ,
c'eſt vouloir lui ôter les épe-
rons. On peut encore tirer un
bon uſage des ambitieux en
les faiſant ſervir comme des
boucliers pour les Princes ,
contre les dangers & contre
l'envie. Perſonne ne jouera ce
rôle qu'il ne ſoit ſemblable à
un oiſeau qui a les yeux crévés
& qui va toûjours en montant,
parce qu'il ne voit pas autour
de lui. On peut encore faire
uſage d'un ambitieux, en ſe ſer-
vant de lui pour en abaiſſer un
autre qui s'éleve trop ; c'eſt
ainſi que Tibére pour abattre
Séjan ſe ſervit de Macron. Puiſ-
que les ambitieux ſont néceſſai-
res dans tous ces cas , il reſte à
dire comment on peut les retenir, de maniére qu'ils ſoient
moins dangereux. Ils le ſont
moins lorſqu'ils manquent de
naiſſance , & lorſqu'ils ſont

B b ij

d'une humeur brusque & rude, que s'ils étoient affables & populaires; lorsqu'ils sont nouvellement élevés, que s'ils étoient assurés dans leur grandeur, & qu'ils y eussent, pour ainsi dire, pris racine.

Quelques personnes regardent comme une foiblesse dans un Prince d'avoir un favori. Mais c'est le meilleur de tous les remédes contre l'ambition des Grands & des Magistrats. Car si le pouvoir d'avancer & de nuire est entre les mains d'un favori, il est très-rare qu'un autre s'éleve trop. Un moien encore de les tenir en bride, c'est de leur opposer quelqu'un aussi ambitieux qu'eux-mêmes; mais il faut en ce cas des modérateurs qui tiennent le milieu entre les deux, pour éviter les factions & le désordre. Sans ce lest, le vaisseau rouleroit trop. Enfin le Prince peut au moins protéger & enhardir quelqu'un d'un ordre inférieur, qui fervira comme de foüet aux ambitieux. Il peut encore être utile, pour les retenir s'ils font timides, de leur faire envifager une ruine prochaine. Mais ce parti eft dangereux s'ils font audacieux & entreprenans, & peut, loin de les arrêter, précipiter leurs deffeins. Il eft abfolument néceffaire de les abattre, & quoiqu'on ne puiffe pas le faire tout d'un coup avec fureté, le meilleur parti eft d'entremêler continuellement les faveurs & les difgraces, pour qu'ils ne fçachent ce qu'ils ont à efpérer ou à craindre, & qu'ils fe trouvent comme perdus dans un labyrinthe.

L'ambition ou l'envie de l'emporter dans les grandes

choſes, cauſe moins d'embarras dans les affaires, que celle
de ſe mêler de toutes choſes.
Celle-ci engendre beaucoup de
confuſion & de déſordre ; cependant un ambitieux qui eſt
remuant dans les affaires, eſt
moins dangereux que celui qui
eſt puiſſant par le nombre de
perſonnes qui dépendent de
lui. Celui qui veut briller parmi les habiles gens entreprend
des choſes grandes, & c'eſt du
moins un avantage pour le
public. Mais celui qui veut être
le ſeul chiffre entre pluſieurs
zéros, eſt la peſte de ſon tems.

Les honneurs apportent trois
avantages : de pouvoir faire du
bien, d'approcher des Princes
& des Grands, & de faire ſa
propre fortune. Le ſujet qui ne
cherche dans ſon ambition que
le premier de ces avantages, eſt
un homme de bien ; & le Prince

est prudent s'il sait distinguer
parmi ceux qui le servent, celui qui agit par un tel motif.
Que les Princes & les Etats
choisissent donc, autant qu'il
leur sera possible, des Ministres
qui soient plus touchés de
leur devoir, que de leur élevation ; qui entrent dans les affaires, plûtôt par conscience,
que par ostentation ; & qu'ils
tâchent aussi de distinguer un
naturel remuant d'avec un
homme qui n'est rempli que
de bonne volonté.

Bb iiij

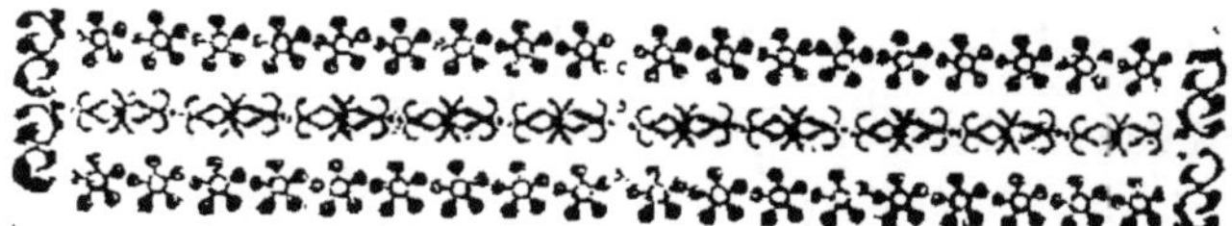

DE LA

FORTUNE.

ON ne sçauroit nier qu'il n'y ait des accidens étrangers, ou des hazards qui ne dépendent point de nous, qui contribuent beaucoup à la fortune. La faveur des Grands, une conjoncture heureuse, la mort des autres, ou enfin une occasion favorable à la vertu qui nous est propre. Mais il est sûr cependant que chacun a en lui-même le pouvoir de faire sa fortune : *Faber quisque fortunæ suæ*, dit le Poëte. La faute d'un homme est la cause étrangére la plus commune de la fortune d'un autre ; & c'est par cette voie qu'on avance le plus

vîte. *Serpens niſi ſerpentem co-
mederit, non fit draco.*

Les vertus éminentes & qui
ont beaucoup d'éclat, attirent
les loüanges. Mais il y a des
vertus qui s'apperçoivent à peine, & qui font la fortune ;
telles font certaines maniéres
déliées qu'on ne ſçauroit trop
eſtimer, & que les Eſpagnols
appellent, *deſenboltura.* Il ne
faut pas qu'un homme ſoit d'un
caractére rude ni difficile : au
contraire ſon eſprit doit être
ſouple & propre à tourner avec
la roüe de la fortune. Tite-Live
après avoir dit que le vieux Ca-
ton avoit une telle force d'eſprit & de corps, qu'il eût fait
fortune en quelque pays qu'il
fût né, ajoûte qu'il avoit *inge-
nium verſatile,* un eſprit ploia-
ble à tout.

Si on regarde fixement &
avec attention, on verra que

la fortune est aveugle ; mais non pas invisible. Le chemin de la fortune est semblable à la voie lactée ; c'est un assemblage de plusieurs petites étoiles, qu'on n'apperçoit pas étant séparées, mais qui jointes ensemble sont claires & apparentes. De même il y a beaucoup de petites vertus qu'on ne peut presque pas appercevoir, ou, pour mieux dire, de certaines facultés ou habitudes commodes, qui rendent les hommes fortunés. Les Italiens en remarquent quelques-unes qu'on n'imagineroit pas : lorsqu'ils parlent d'un homme propre à faire fortune, ils demandent qu'il ait entr'autres qualités, *un poco di matto* (qu'il tienne un peu du fou.) En effet il n'y a point de qualité plus nécessaire pour parvenir, que ces deux-ci : d'avoir un grain de folie, &

de n'être pas trop honnête homme. C'eſt pour cela que ceux qui aiment trop leur patrie, ou leur Prince, n'ont jamais été, & ne ſçauroient'être bien fortunés. Lorſqu'un homme détourne ſes regards & ſa penſée ſur un objet étranger, il s'égare, & perd immanquablement ſon vrai chemin.

Une fortune rapide rend un homme audacieux & remuant; mais une fortune exercée, le rend habile. On doit reſpecter la fortune, quand ce ne ſeroit que pour la confiance & pour la réputation qu'elle nous donne. La premiére eſt en nous-mêmes, la ſeconde eſt dans les autres.

Les hommes prudens, pour éviter l'envie qui eſt attachée à la vertu, attribuent tout ce qui leur arrive d'heureux à la fortune ou à la Providence, com-

me le meilleur moien de joüir
de leur grandeur avec plus de
tranquillité. Rien auſſi n'attire
à un homme plus de conſidéra-
tion, que lorſqu'on s'imagine
que quelque Puiſſance ſupérieure prend ſoin de le conduire. Céſar dans une tempête
dit à ſon pilote : *Tu portes Céſar*
& ſa fortune, & Sylla a préferé le nom d'heureux à celui de
Grand.

On remarque que ceux qui
ont trop attribué à leur ſageſſe
ou à leur politique, ont fini
malheureuſement. Timothée
l'Athénien ne proſpéra pas depuis que dans une harangue où
il rendoit compte de ſon Gouvernement, il répéta plus d'une
fois : *& dans ceci la fortune n'y*
eut point de part.

Il y a des perſonnes dont la
fortune eſt ſemblable aux vers
d'Homére, qui ſont plus aiſés

& plus coulans que ceux des
autres Poëtes , comme Plutar-
que le remarque dans la com-
paraiſon qu'il fait de la fortune
de Timoléon avec celle d'Age-
ſilaüs ou d'Epaminondas. Mais
il dépend beaucoup des hommes de la rendre telle.

DE L'EMPIRE.

LA condition de ceux qui
ont peu à désirer & beau-
coup à craindre, est miserable,
c'est cependant celle de presque tous les Rois. Placés au plus
haut dégré, ils ne sçavent à quoi
aspirer, pendant que des idées
continuelles de fantômes & de
dangers ménaçans, remplissent
leur esprit de troubles & d'agi-
tation. Ceci démontre ce que
dit l'Ecriture, *que le cœur des
Rois est impénétrable* : car, un
nombre infini d'inquiétudes &
quelque désir qui prédomine &
qui dirige les autres, rend le
cœur de l'homme difficile à
connoître. De-là vient aussi
que les Princes ont des goûts

qui leur font particuliers , &
qu'ils donnent fouvent tous
leurs foins à des chofes frivo-
les & peu dignes de leur grandeur. La chaffe, les bâtimens ,
l'élevation d'un favori , quelquefois même un art mécani-
que , les occupent uniquement.
Néron joüoit de la harpe, Do-
mitien tiroit de l'arc, Commode travailloit à des armes, Ca-
racalla menoit un char : ceci
paroît étrange à ceux qui ne
connoiffent pas cet axiôme :
Que l'efprit de l'homme fe plaît
bien plus à avancer dans les peti-
tes chofes , qu'à s'arrêter dans
les grandes. Nous voions auffi
que les Rois qui ont commencé
par faire des conquêtes , & qui
dans la fuite fe font vûs arrêtés
par l'impoffibilité d'avancer à
l'infini, fe font à la fin tournés
à la fuperftition & à la mélancolie , comme Alexandre le

Grand, Dioclétien, & de notre
tems Charles-Quint. Car lorfque celui qui eſt accoûtumé
d'avancer toûjours ſe voit arrêté dans ſa courſe, il n'eſt plus
content de lui-même , & devient tout différent de ce qu'il
étoit.   Il eſt bien difficile de
conoître à fond le vrai tempé-
rament d'un Empire , & de
ſçavoir exactement le régime
qui lui convient. Tout tempé-
ramment (bon ou mauvais) eſt
toûjours compoſé de contraires ; mais il y a bien de la différence entre ſçavoir faire un
mêlange de contraires, ou ſçavoir les emploier à propos al-
ternativement. La réponſe d'A-
pollonius à Veſpaſien eſt pleine
d'inſtructions.   Veſpaſien lui
demandoit ce qui avoit cauſé
la perte de Néron. *Néron*, dit-il,
ſçavoit bien accorder ſa harpe ;
mais dans le Gouvernement , quel-
quefois

quèfois il montoit les cordes trop haut, & quelquefois trop bas. Il est certain que rien n'affoiblit tant l'autorité, que ce mauvais accord du pouvoir quelquefois porté trop haut, & quelquefois trop relâché.

Il semble que les Ministres de notre tems ne soient occupés qu'à chercher de promts remédes pour échapper aux dangers prochains, au lieu de songer à les prévenir par des moiens solides & bien fondés. Celui qui les attend, semble défier la fortune & vouloir lutter contre elle ; mais qui est-ce qui peut éviter l'étincelle & dire de quel côté elle partira ?

Les difficultés dans les affaires des Princes sont grandes & en grand nombre ; mais la plus grande de toutes vient de leur propre caractére. Il est ordinaire aux Princes, dit Tacite, de sou-

haiter des choses qui se contra-
rient : *Sunt plerumque Regum vo-*
luntates vehementes , & inter se
contrariæ. C'est le solecisme ordinaire du pouvoir : comman-
der & vouloir la fin, sans per-
mettre les moiens.

Les affaires des Rois sont
avec leurs voisins , leurs femmes , leurs enfans, leurs Pré-
lats ou le Clergé , les Grands ,
la Noblesse , les marchands, le
peuple , & les soldats ; & sans
les soins nécessaires , tout cela
est à redouter.

Premiérement pour leurs
voisins , on ne peut donner de
regle générale : les occasions
sont trop variables. Il y en a
une cependant qui est toûjours
bonne ; c'est que les Princes
veillent continuellement, pour
que pas un de leurs voisins de-
vienne plus puissant & plus en
état de nuire , qu'il n'étoit au-

paravant, en augmentant ſes Etats, en s'approchant plus près de leur côté, en s'attirant le commerce, &c.

Les Rois Henri VIII. d'Angleterre, François I. Roi de France, & l'Empereur Charles-Quint pendant leur Triumvirat, veillerent tellement les uns ſur les autres, que pas un des trois ne pouvoit gagner un pouce de terrein, que les deux autres auſſi-tôt ne ſe liguaſſent pour rétablir l'équilibre ; & ils ne faiſoient point la paix, qu'ils n'en fuſſent venus à bout. Il en fut de même de cette ligue entre Ferdinand Roi de Naples, Laurens de Médicis, & Louis Sforce, qui fut la ſûreté de l'Italie, au rapport de Guichardin. L'opinion de quelques Scolaſtiques doit être rejettée ; qu'il n'eſt pas permis de faire la guerre, ſi l'on n'a point reçu d'injure auparavant ; car une crainte légitime d'un danger éminent, est une occasion licite de prendre les armes, sans qu'aucune autre violence ait précedé.

A l'égard de leurs femmes, il y a des exemples cruels. Livie est infame pour avoir empoisonné son mari. Roxelane femme de Soliman a perdu Mustapha ce Prince célébre, & a causé de grands troubles dans la maison, & dans la succession de son mari. La femme d'Edoüard II. contribua beaucoup à le faire chasser, & à sa mort : ces dangers sont principalement à craindre quand leurs femmes ont des enfans d'un premier mari, ou quand elles ont des amans.

Les enfans des Rois font joüer souvent de cruelles Tragedies, & souvent aussi les soupçons des peres ont caufé de très-grands malheurs. La mort de Muftapha, dont nous avons parlé, fut fi fatale à la race de Soliman, que la fucceffion des Turcs eft fort fufpecte depuis ce tems ; car on a foupçonné Selim II. d'avoir été fuppofé. La mort de Crifpe, jeune Prince de grande efpérance, que fon pere Conftantin le Grand fit mourir, a auffi été fatale à fa maifon ; deux autres de fes fils moururent de mort violente, & le troifiéme Conftantin ne fut guéres plus heureux : il mourut de maladie, mais après que Julien eut pris les armes contre lui. La mort de Démetrius fils de Philippe II. Roi de Macédoine, retomba fur fon pere qui en mourut de chagrin & de repentir. Il y a beaucoup d'exemples femblables à ceux-ci, & il n'y en a presque point où il soit revenu quelque bien aux peres d'avoir attenté à la vie de leurs fils, à moins qu'ils n'euſſent pris les armes contr'eux, comme Selim I. contre Bajazet, & les trois fils d'Henri II. Roi d'Angleterre.

Pour les Prelats, il y a du danger lorſqu'ils ſont puiſſans, comme les Archevêques de Cantorbery Anſelme, & Thomas Becket, qui éleverent leur croſſe contre l'Epée Roiale, quoiqu'ils euſſent affaire à des Rois fiers & d'un grand courage, Guillaume le Roux, Henri I. & Henri II. Mais ils ne ſont pas à craindre, lorſque ce n'eſt pas le peuple, mais le Roi ou des Patrons particuliers, qui nomment aux bénéfices.

Pour les Grands, il eſt bon de les tenir dans une diſtance pro-

portionnée à ce qu'ils doivent
au Roi. En les abattant, on pourra rendre le Roi plus abfolu ;
mais auffi il fera moins affuré &
moins en état de venir à bout de
fes deffeins. Je l'ai remarqué
dans mon Hiftoire de Henri
VII. Roi d'Angleterre, qui les
opprimoit. De-là font venus les
troubles & les difficultés de fon
tems ; car quoiqu'ils fuffent fidéles , & qu'ils reftaffent dans
le devoir , cependant ne tra-
vaillant pas de concert avec lui
dans les affaires , il étoit obligé
de faire tout par lui-même.

La Noblefle étant un corps
difperfé, n'eft pas dangereu-
fe ; elle peut parler haut , mais
fans faire grand mal : elle fert
de contrepoids aux Grands , &
les empêche de devenir trop
puiffans ; & comme elle touche au peuple de plus près ,
elle a auffi plus d'autorité fur

lui, & elle eſt plus propre à
tempérer les commotions populaires.

A l'égard des marchands, ils
ſont comme la *veine porte*; &
s'ils ne fleuriſſent pas, un Roiaume peut avoir les membres &
les jointures bonnes, mais ſes
veines ſeront vuides & le nour-
riront mal. Les taxes qu'on im-
poſe ſur eux ne ſont point un
profit pour le Prince; ce qu'il
gagne par le menu, il le perd
en gros; les impôts en ſont aug-
mentés, mais le commerce eſt
diminué.

Le peuple n'eſt point à redouter, s'il n'a pas de grands &
puiſſans chefs, ou ſi on ne touche point à ſa religion, à ſes
anciennes coûtumes, & à ce
qui le fait vivre.

Les ſoldats ſont dangereux
quand on les garde ſur pied &
en corps, ou qu'ils ſont accoû-
tumés

tumés à des largeſſes. Nous en
voions l'exemple dans les Ja-
niſſaires , & dans les Gardes
Prétoriennes de Rome ; mais
on peut lever des hommes &
les diſcipliner dans des endroits
différens & ſous. divers chefs
ſans aucun danger ; & c'eſt un
uſage fort utile pour défendre
l'Etat.

Les Rois ſont ſemblables aux
corps céleſtes , qui rendent le
tems heureux ou malheureux,
qui ſont très-brillans & dans
une grande élevation ; mais
ſans aucun repos, tous les préceptes qu'on peut leur donner
ſont compris dans ces deux
avis : *Memento quod es homo , &*
memento quod es Deus , aut Vice-
Deus ? L'un pour ſervir de frein
à leur pouvoir , & l'autre à
leur volonté.

D d

DE LA
VERITABLE GRANDEUR
DES ROYAUMES,
ET DES ETATS.

IL entroit trop de présomption & de vanité dans ce que Thémistocle répondit un jour en parlant de lui-même ; mais s'il eût parlé de quelqu'autre, sa réponse eût été très-estimable. Quoi qu'il en soit, elle peut servir de matiére à de sages réflexions. On le pria dans un festin de joüer du luth, il répondit *qu'il ne sçavoit point joüer de cet instrument ; mais que d'un petit bourg il en sçauroit faire une grande ville.* Ces paroles peuvent exprimer (par métapho-

re) deux talens fort différens
dans ceux qui font employés
aux affaires d'Etat. Car fi l'on
examine avec attention les
Confeillers & les Miniftres des
Rois, on en trouvera peut-être
quelqu'un qui fera capable d'a-
grandir un petit Etat, mais qui
ne fçaura point joüer du luth;
& au contraire on en trouvera
beaucoup qui fçavent joüer du
luth & du violon, c'eft-à-dire,
qui font experts dans les arts
de la cour, mais qui ont fi peu
de capacité néceffaire pour accroître un petit Etat, qu'il
femble même que la nature les
ait formés exprès pour ruiner
& pour détruire les Etats les
plus floriffans. Certainement
ces arts vils & bas par lefquels
les Confeillers & les Miniftres
gagnent fouvent la faveur de
leur Maître, & une forte de réputation parmi le peuple, ne

D d ij

méritent pas un autre titre que
celui de Menétriers ou de Vio-
lons ; car ces sortes de talens
sont seulement propres à amu-
ser, & plûtôt une espéce d'ornement dans celui qui les a,
qu'ils ne peuvent être utiles &
avantageux pour l'agrandisse-
ment d'un Etat ou d'un Roiaume. Il est vrai cependant qu'on
voit quelquefois des Ministres
qui ne sont point au - dessous
des affaires, qui sont même capables de les bien conduire,
d'éviter les dangers, & les inconveniens manifestes, & qui
avec tout cela sont fort éloig-
nés de l'habileté nécessaire pour
étendre un petit Etat. Mais de
quelque espéce que soient les
ouvriers, considérons l'ouvrage, & voions quelle est la véritable grandeur d'un Etat, &
quels sont les moiens de le rendre florissant. C'est une chose

fur laquelle les Princes doivent réfléchir fans ceffe, pour ne pas s'engager dans des entreprifes vaines & téméraires, en préfumant trop de leurs forces ; & auffi pour ne pas fe prêter à des confeils bas & timides, en ne préfumant pas affez de leur puiffance.

A l'égard de l'étendue d'un Etat, elle peut fe méfurer ; fes finances & fes revenus fe calculent ; le peuple fe dénombre, & l'on voit les plans des villes. Mais il n'y a rien de plus difficile & de plus fujet à erreur que de vouloir juger de la véritable force, de la puiffance, & de la valeur intrinfeque d'un Etat. Le Roiaume du ciel eft comparé, non pas à une groffe noix, mais à un grain de moutarde, qui eft un des plus petits grains. Mais il a la propriété de s'élever & de s'étendre en peu.

de tems. De même il y a des Etats d'une grandeur considérable qui ne sont point cependant propres à s'accroître, & d'autres quoique petits, qui peuvent servir de fondement à de très-grands Roiaumes. Des villes fortes, des arsenaux bien fournis, de bons haras, des chariots, des Elephans, des canons, & d'autres machines de guerre, ne sont que des moutons couverts de la peau du lion, lorsque la nation n'est point naturellement brave & guerriere : le nombre même ne se doit pas considérer, si les soldats manquent de courage; car, comme dit Virgile, *Lupus numerum pecorum non curat* ; le loup ne se met pas en peine du grand nombre des moutons. L'armée des Perses se présenta aux Macédoniens dans les plaines d'Arbelles comme une

inondation d'hommes ; de forte
que les Généraux étonnés re-
préfenterent à Alexandre le
péril où étoit fon armée, & lui
confeillerent d'attaquer les Per-
fes pendant la nuit. Mais il répondit *qu'il ne vouloit pas déro-*
ber la victoire, & qu'elle étoit plus
facile qu'ils ne penfoient. Tigra-
ne l'Arménien étant campé fur
une hauteur à la tête d'une armée de quatre cent mille hommes , & voyant avancer celle
des Romains qui n'étoit en tout
que de quatorze mille combat-
tans , dit en plaifantant de ce
petit nombre : *S'ils viennent*
pour une Ambaffade, ils font trop :
fi c'eft pour combattre, ils font trop
peu. Cependant avant la nuit,
il fe trouva qu'ils étoient affez
pour le mettre en fuite, & faire
un grand carnage de fes troupes. Il y a une infinité d'exemples qui font voir que la valeur

D d iiij.

l'emporte fur le nombre , &
l'on doit convenir que le courage du peuple eft le point capi-
tal de la grandeur d'un Etat. Il
eft bien plus ordinaire , qu'il
n'eft vrai, de dire que l'argent
eft le nerf de la guerre. A quoi
fert-il quand les nerfs des bras
manquent , & que le peuple eft
effeminé ? Solon eut raifon de
répondre à Créfus qui lui faifoit voir fon or : *Si quelqu'un
vient qui ait de meilleur fer , il
vous enlevera tout cet or*. Qu'un
Prince donc ne compte pas fur
fes forces , fi fon peuple n'eft
pas belliqueux ; & au contraire
fi fon peuple eft guerrier, qu'il
fçache qu'il eft puiffant , pourvû qu'il ne fe manque pas à lui-
même.

A l'égard des troupes auxi-
liaires, qui font ordinairement
le reméde pour une Nation qui
n'eft point aguerrie , tous les

exemples montrent que qui se
repose dessus, pourra bien pour
un tems étendre ses aîles ; mais
qu'à la fin il perdra de ses
plumes.

La bénédiction de Juda &
celle d'Issachar ne se trouve-
ront jamais ensemble, c'est-à-
dire, que le même peuple soit
à la fois le jeune lion & l'âne
sous le fardeau. Un peuple trop
chargé de taxes ne sera jamais
guerrier ; mais celles qui sont
mises par le consentement de
l'Etat, abattent moins son courage, que celles qui sont impo-
sées par un pouvoir despotique,
comme on peut le remarquer
par les Ascises des Pays-Bas, &
les subsides d'Angleterre. Je
parle du courage, & non pas
des richesses ; car je sçai bien
que les taxes étant les mêmes,
qu'elles soient mises par le consentement de l'Etat, ou par un

pouvoir abfolu, elles apauvrif-
fent également : mais elles feront un effet différent fur l'efprit des fujets ; & de-là nous
pouvons conclure qu'un peuple furchargé d'impôts n'eft pas
propre pour l'Empire.

Les Roiaumes & les Etats
qui afpirent à s'agrandir, doivent prendre garde que la No-
bleffe ou les Gentilshommes ne
fe multiplient pas trop. Le peuple devient trop abattu, & ef-
clave en effet des Gentilshommes. Comme un taillis où l'on
a laiffé trop de baliveaux ne
repouffe pas bien, & dégenére
en buiffon, de même dans un
Etat, s'il y a trop de Gentilshommes, le peuple fera fans
force & fans courage. De cent
têtes, pas une ne fera propre
pour le cafque ; fur-tout pour
fervir dans l'infanterie, qui eft
la force d'une armée. Vous au-

rez donc beaucoup de monde
& peu de forces. Ce fut avec
une fageffe admirable que Henri VII. Roi d'Angleterre (duquel j'ai parlé au long dans
l'hiftoire que j'ai écrit de fon
regne) ordonna des terres &
des maifons d'une valeur certaine & modérée pour mainte-
nir un fujet dans une abon-
dance fuffifante , & dans une
condition qui ne fut pas fervile.
Il voulut auffi que ce fût le pro-
priétaire , ou du moins l'ufu-
fruitier , & non pas des Mé-
tayers qui tinffent la charrue,
& qui cultivaffent le champ.
Cela produit dans un Etat ce
que Virgile dit de l'ancienne
Italie : *Terra potens armis , atque
ubere glebæ.* Cette partie du peuple , qui n'eft je crois qu'en
Angleterre & en Pologne , a
auffi fon utilité pour la guerre ,
& ne doit pas être négligée , je

veux dire ce grand nombre de valets qui suivent les Nobles; & sans doute que la magnificence, la splendeur de l'hospitalité, & un grand cortége de domestiques, comme si c'étoit des gardes (suivant la maniére des Seigneurs d'Angleterre), contribue beaucoup à la puissance d'un Etat militaire; & au contraire une maniére de vivre obscure & privée parmi la Noblesse, ternit l'éclat des armes.

Il faut avoir soin que le tronc de l'arbre de la Monarchie de Nabuchodonosor soit assez grand, & qu'il ait assez de force pour porter les branches, c'est-à-dire, que les sujets naturels soient en assez grand nombre pour contenir les Etrangers. C'est pour cela que les Etats qui accordent facilement des Lettres de naturalité, sont propres pour l'Empire. Il seroit

ridicule de penser qu'une poi-
gnée de gens, quelque capacité
& quelque courage qu'ils euf-
fent, puffent retenir fous leur
domination une grande étendue de pays, du moins pour
long-tems. Les Lacédemoniens
accordoient difficilement des
Lettres de naturalité ; ce qui
fut cause que pendant que leur
Etat ne s'accrût pas, leurs affaires fe conferverent en bon ordre: mais fi - tôt qu'ils s'éten-
dirent, & qu'ils devinrent trop
grands pour le nombre des fujets naturels qu'ils avoient, ils
tomberent en décadence. Jamais Etat n'a naturalifé les E-
trangers fi facilement que les
Romains, & leur fortune répondit à cette prudente maxime;
Puifque leur Empire a été le
plus grand qui fût jamais. Ils accordoient facilement ce qu'on
appelle *jus civitatis*, & dans le

plus haut dégré, c'est-à-dire, non
seulement *jus commercii, jus con-
nubii, jus hæreditatis*, mais aussi
*jus suffragii, & jus petitionis sivè
honorum*, le droit des honneurs,
& non seulement à quelques
personnes en particulier, mais
à des familles entiéres, à des
villes, & quelquefois à des
Nations. Ajoûtez à cela leur
coûtume d'envoier des colonies
parmi les autres peuples. Si
vous faites attention à ces ma-
ximes, vous ne direz plus que
les Romains ont couvert toute
la terre, mais que toute la terre
s'est couverte de Romains; &
c'étoit la meilleure voie pour
arriver à la grandeur. Je me suis
souvent étonné comment l'Espagne avec si peu de sujets naturels pouvoit conserver sous
sa domination tant d'Etats &
de Provinces. Mais l'Espagne
est bien plus grande que n'étoit

Sparte dans ses commence-
mens ; & quoiqu'il arrive rarement que les Espagnols accordent des Lettres de naturalité,
ils font ce qui en approche davantage, en prenant indiffé-
remment des soldats de toutes
les Nations, & même souvent
leurs Généraux sont étrangers. Il paroît par la pragmati-
que sanction publiée cette an-
née, qu'ils sont fâchés de man-
quer d'habitans, & qu'ils veulent y remédier.

Il est certain que les arts
sédentaires & casaniers qui
s'exercent plûtôt avec les doigts
qu'avec les bras, sont contraires de leur nature à une disposition militaire. Les peuples
belliqueux aiment ordinairement l'oisiveté, & préferent le
danger au travail. On ne doit
pas trop réprimer cette inclination, si l'on veut conserver

leur courage. C'étoit un grand
avantage à Sparte, à Rome, à
Athénes de ce que la plus grande partie de leurs ouvriers
étoient des esclaves. Mais la
Loi Chrétienne a presque aboli
cet usage. Ce qui en approche
le plus, c'est d'avoir des Etrangers pour ces sortes d'ouvrages;
de tâcher de les attirer, ou pour
le moins de les bien recevoir
quand ils viennent. Mais les
sujets naturels doivent être de
trois espéces : des laboureurs,
des valets, & des ouvriers ;
c'est-à-dire, de ceux qui se servent de leurs bras & de leurs
forces, comme forgerons, ma-
çons, charpentiers, &c. sans
compter les soldats. Sur-tout
rien ne contribue davantage à
la grandeur d'une Nation, que
lorsqu'elle est portée aux armes par son inclination ; qu'elle
les regarde comme son plus
grand

grand honneur ; qu'elle en fait
ſa principale occupation , &
ſa premiére étude. Car ce que
nous avons dit juſqu'à préſent,
ſert ſeulement à rendre une
Nation capable de faire la guerre ; mais à quoi ſert la capacité
& le pouvoir , ſans l'inclination & l'action ? Les Romains
prétendoient que Romulus
après ſa mort leur avoit envoié
cet oracle & cette inſtruction :
*Qu'ils s'appliquaſſent aux armes
ſur toutes choſes , s'ils vouloient
parvenir à l'Empire du monde.*
Toute la conſtitution du Gouvernement de Sparte tendoit
auſſi à ce point ; *que ſes Citoyens
devinſſent guerriers* , mais avec
une intention plus ſage que
bien digerée. Celui des Perſes &
des Macédoniens viſoit encore
pendant quelque tems à ce but.
Les Gaulois , les Allemands ,
les Scythes , les Saxons , les

E e

Normands, & quelques au-
tres, ont eû durant long-tems
la même intention, & les Turcs
la témoignent encore aujour-
d'hui, quoiqu'ils soient fort
déchus. Mais dans la Chrétien-
té, les Espagnols paroissent les
seuls qui y pensent. Il est évi-
dent que chacun profite dans
la chose à laquelle il s'applique
le plus ; & c'est assez d'avoir
fait remarquer que toute Nation qui ne s'adonne pas aux
armes, doit attendre que la
grandeur vienne s'offrir ; &
qu'il est sûr au contraire que
les Nations qui s'y attachent
avec constance, font de très-
grands progrès, comme on
peut le voir par l'exemple des
Romains & des Turcs ; & ceux
même qui ne se sont adonnés à
la guerre que pendant un sié-
cle, sont parvenus à une grandeur qui les a soutenus long-

tems , après avoir négligé
l'exercice des armes. Il est donc
nécessaire , suivant ces préceptes, qu'un Etat ait des Loix &
des coûtumes qui puissent four-
nir communément de justes
occasions (ou pour le moins des
prétextes plausibles) de faire la
guerre. Car les hommes ont naturellement de la vénération
pour la justice , & n'entrepren-
nent pas volontiers la guerre
qui entraîne après elle un si
grand nombre de maux , excep-
té qu'elle ne soit fondée sur un
bon , ou du moins sur un spé-
cieux prétexte. Les Turcs en
ont toûjours un quand ils veulent s'en servir , qui est la pro-
pagation de leur foi ; & quoique la République Romaine
accordât de grands honneurs
aux Généraux , qui par leurs
victoires donnoient plus d'é-
tendue à son Empire , cepen-

dant elle n'a jamais (du moins
en apparence) entrepris une
guerre dans le seul dessein de
s'agrandir. Il faut donc qu'une
Nation qui songe à l'Empire
soit fort alerte sur les différends
qui naîtront à l'égard de ses
limites, de son commerce, ou
du traitement de ses Ambassa-
deurs, & qu'elle ne temporise
point quand on la provoque :
il faut aussi qu'elle soit promte
à envoier du secours à ses alliés.
C'est ainsi que les Romains en
ont toûjours usé, si un de leurs
Alliés étoit attaqué, & qu'il eût
aussi une ligue défensive avec
d'autres Nations ; s'il demandoit du secours, les Romains
vouloient toûjours être les premiers à lui en envoier, ne se
laissant jamais prévenir dans
l'honneur du bienfait.

A l'égard des guerres qui se
faisoient anciennement en fa-

veur de la conformité des Gou-
vernemens , & par une corres-
pondance tacite, je ne vois pas
sur quels droits elles étoient
fondées, comme celle des Romains , pour la liberté de la
Gréce ; & celle des Lacedémo-
niens & des Athéniens , pour
établir , ou pour détruire les
Démocraties & les Oligar-
chies. Telles sont encore celles
que font les Princes ou les Ré-
publiques pour délivrer de la
tirannie les sujets d'autrui.
Mais il suffit à cet égard d'a-
vertir qu'une Nation ne doit
pas aspirer à la grandeur, si elle
ne se réveille sur toutes les
occasions de s'armer qui pour-
ront s'offrir.

Nul corps , soit naturel ou
politique, ne peut se conserver
en santé sans exercice. Une
guerre juste & honorable est
pour un Roiaume , ou pour un

Etat l'exercice le plus salutai-
re. Une guerre civile est semblable à la chaleur de la fiévre ;
mais une guerre étrangére peut
se comparer à la chaleur causée
par l'exercice, qui conserve le
corps en santé. Une longue
paix amollit les courages, &
corrompt les mœurs. Il est
avantageux, je ne dis pas pour
la commodité, mais pour la
grandeur d'un Etat, qu'il soit
presque toûjours en armes ; &
quoiqu'il en coûte beaucoup
pour avoir perpétuellement
une armée sur pied, c'est cependant ce qui rend un Prince
ou un Etat l'arbitre de ses voisins, ou qui le met pour le
moins en une grande estime ; &
l'Espagne en est une preuve,
elle a toûjours eû depuis six
vingts ans une armée entrete-
nue d'un côté, ou d'un autre.

Celui qui se rend maître sur

mer , va à la Monarchie uni-
verselle par le plus court chemin. Cicéron écrivant à Atti-
cus lui mande au sujet des préparatifs de Pompée contre Céfar : *Confilium Pompei planè The-
miftocleum eft , putat enim qui
mari potitur eum rerum potiri.* Et
fans doute Pompée auroit à la
fin laffé Céfar , fi par une confiance trop vaine il n'eût pas
changé fon premier plan.

Nous voions les grands effets
des batailles navales par celle
d'Actium qui décida de l'Empire du monde , & par celle de
Lépante qui a arrêté les progrès
des Turcs. Il arrive fouvent
qu'un combat naval met fin à
une guerre ; mais c'eft quand
les puiffances ennemies veul-
lent remettre à une bataille la
décifion de leur querelle. Car
il eft certain que celui qui eft le
maître de la mer , joüit d'une

grande liberté, & qu'il met à la
guerre les bornes qu'il lui plaît;
au lieu que par terre, celui
même qui est supérieur, a cependant quelquefois beaucoup
de difficultés à surmonter pour
en venir à une affaire décisive.
La puissance navale de la Gran-
de-Bretagne est aujourd'hui
d'une extrême importance
pour elle, non seulement parce que le plus grand nombre
des Etats de l'Europe sont
presque environnés de la mer,
ou du moins qu'elle les touche
de quelque côté ; mais aussi
parce que les tréfors des Indes
paroissent un accessoire à l'Empire de la mer. Il semble que
les guerres d'à présent soient
faites dans l'obscurité, en comparaison de toute cette gloire
ancienne, & de tout cet honneur qui réjaillissoit autrefois
sur les gens de guerre. Nous n'a-
vons

rons pour exciter le courage
que quelques ordres militaires,
& qu'on a encore rendus communs à la robe & à l'épée ;
quelques marques fur les armes, & quelques hôpitaux pour
les foldats hors d'état de fervir
par leur âge ou par leurs bleffu-
res. Mais anciennement les
trophées dreffés fur les champs
de bataille, les oraifons funé-
bres à la loüange de ceux qui
avoient été tués, & les tom-
beaux magnifiques qu'on leur
élevoit, les couronnes civiques
& murales, le nom d'Empe-
reur que les plus grands Rois
ont pris dans la fuite, les célé-
bres triomphes des Généraux
victorieux, les grandes libéra-
lités que l'on faifoit aux armées
avant que de les congédier, toutes ces chofes, dis-je, étoient fi
grandes, en fi grand nombre,
& fi brillantes, qu'elles fuffi-

F f

soient pour donner du courage & porter à la guerre les
cœurs les plus timides. Mais
sur-tout la coûtume des triomphes chez les Romains, n'étoit
point un vain spectacle, mais
un établissement noble & prudent, qui renfermoit en lui ces
trois points essentiels : la gloire
& l'honneur des Généraux,
l'augmentation du trésor public, & des gratifications pour
les soldats. Mais peut-être que
cet honneur éclatant du triomphe ne convient pas dans les
Etat Monarchiques, si ce n'est
en la personne des Rois ou de
leurs fils. C'est ainsi que les Romains en userent dans le tems
des Empereurs qui se réser-
voient & à leurs fils l'honneur
du triomphe pour les guerres
qu'ils avoient achevées en personne, & n'accordoient aux
Généraux que la robe, & quel-

ques autres marques de triomphe.

Pour finir ce discours, personne (comme l'Ecriture-sain-
te le dit) ne peut ajoûter par
ses soins une coudée à sa statu-
re ; mais dans la fabrique des
Roiaumes & des Etats, il est au
pouvoir des Princes & de ceux
qui gouvernent, d'augmenter
& d'étendre leur Empire. Car
en introduisant avec prudence
des Loix & des Coûtumes semblables ou peu différentes de
celles que nous avons proposées
ici, il est sûr qu'ils jetteront
sur leur postérité une semen-
ce de grandeur. Mais ordinairement les Princes ne pensent
pas à ces choses, & laissent à la
fortune d'en décider.

DES TROUBLES,
ET DES
SEDITIONS.

IL faut que ceux qui ont en main le timon du Gouvernement sçachent prévoir les tempêtes d'Etat : elles sont ordinairement plus à craindre, lorsque les choses approchent de l'égalité, comme les tempêtes naturelles sont plus fréquentes vers les Equinoxes, & de même encore qu'il y a quelquefois des coups de vent creux, & que la mer s'enfle secretement; quelquefois aussi l'Etat s'émeut & se trouble sans qu'on en connoisse la cause.

..... *Ille etiam cœcos instare tumultus*

Sæpè monet fraudes , & operta
tumefcere bella.

Les libelles , les difcours li-
centieux contre l'Etat , quand
ils font fréquens & publics, des
bruits defavantageux contre
ceux qui gouvernent répandus
de tous côtés & bien reçus, font
les préfages des troubles. Virgile appelle la rénommée la fœur
des Géants.

Illa terra parens ira irritata
　　Deorum
Extremam ut perhibent Cœp
　　Enceladoque fororem , &c.

Comme fi elle étoit un refte
de ces anciennes rebellions que
les Poëtes ont chantées. Il eft
fûr du moins qu'elle annonce ,
& qu'elle précede ordinairement toutes les féditions. Il

remarque auſſi avec raiſon que les bruits ſéditieux & les ſéditions ne différent enſemble que comme frere & fœur, mâle & femelle. S'il arrive ſur-tout que les actions les plus loüables qui mériteroient l'applaudiſſement du peuple, & qui devroient gagner ſon affection ſoient calomniées & interprétées en mal, c'eſt une preuve certaine que les eſprits ſont pleins de venin & d'envie, comme dit Tacite: *Conflata magna invidia, ſeu benè, ſeu malè geſta premunt.* Mais quoique la rénommée pronoſtique les troubles, ce n'eſt pas à dire qu'en lui impoſant ſilence, on ſoit ſûr de les étouffer : ſouvent même le mépris qu'on montre pour les bruits qu'elle répand, les fait évanoüir ; & le ſoin qu'on ſe donne pour les appaiſer, fait qu'ils durent davantage.

On doit auſſi avoir pour ſuſpecte cette obéiſſance , dont
parle Tacite : *Erant in officio, ſed
tamen qui mallent mandata imperantium interpretari quàm exequi.*
Les contrariétés , les excuſes,
les échapatoires aux ordres que
donne le Gouvernement , eſt
une maniére de ſécoüer le joug
& un eſſai de déſobéiſſance ;
ſur-tout ſi ceux qui donnent
les ordres parlent avec timidi-
té ; & ceux qui les reçoivent
avec audace.

   Il eſt certain auſſi (comme
Machiavel le remarque) que
lorſque les Princes qui doivent être les Peres communs,
ſe joignent à une faction , l'E-
tat eſt en danger de périr ; de
même qu'un batteau qu'on auroit trop chargé d'un côté.
L'exemple ſur ce ſujet d'Henri
III. Roi de France eſt très-
notable ; il ſe joignit au com-

F f iiij

mencement à la Ligue pour entretenir les Protestans, & bientôt après la mêmeLigue se tourna contre lui. Quand l'autorité du Prince devient un accessoire à une autre cause, & qu'une obligation plus forte que le lien du Gouvernement occupe cette place, c'est le premier pas de la décadence du Souverain. Quand aussi les discordes, les querelles, & les factions éclatent ouvertement, c'est une marque que le respect pour le Gouvernement est entiérement perdu. Les mouvemens des Grands doivent être comme celui des Planettes qui se tournent avec rapidité par l'impulsion du premier mobile, & doucement de leur propre mouvement. Il s'ensuit donc que si les Grands agissent de leur chef avec violence, &, comme dit Tacite, *liberius*

quàm ut imperantium meminis-
sent, c'est une marque infaillible qu'ils ne sont point dans
leur sphere naturelle. Dieu a
ceint les Rois de la ceinture de la
vénération, qu'il ménace quelquefois de rompre : *Solvam an-*
gula Regum. Si l'un des quatre
piliers du Gouvernement est é-
branlé, c'est-à-dire, la Religion,
la Justice, le Conseil, ou le Trésor, on doit bien prier pour le
calme. Mais laissons pour le
présent ces pronostiques des
troubles, sur lesquels nous
ajoûterons encore quelques
éclaircissemens dans la suite,
& parlons de la matiére qui forme la sédition, de leurs causes,
de leurs motifs, & enfin des
remédes qu'on peut y apporter.

La matiére des séditions mérite d'être considérée ; car le
moien le plus sûr de prévenir le
mal (si le tems le permet) c'est

d'enlever cette matiére. Quand les matiéres combustibles sont préparées, il est difficile de prévoir de quel côté viendra l'étincelle qui doit y mettre le feu.

Il y a deux matiéres différentes de séditions; une indigence excessive & un grand mécontentement. Chaque fortune ruinée est une voix pour le trouble. Lucain représente bien quel étoit l'état de Rome avant la guerre civile.

Hinc usura vorax, rapidumque
in tempore fœnus;
Hinc concussa fides, & multis
utile bellum.

Ce *multis utile bellum* est une marque certaine qu'un Etat est disposé au trouble, & à la sédition; si l'indigence des Grands se joint à la misére du peuple, le danger est éminent. Les rébellions qui viennent du ventre, font les pires de toutes. Le mécontentement du peuple dans le corps politique eſt ſemblable à l'humeur bilieuſe dans le corps naturel qui s'échauffe & s'enflamme aiſément. Mais le Prince ne doit pas méſurer le danger par la juſtice, ou l'injuſtice de la cauſe qui irrite le peuple ; ce ſeroit l'eſtimer trop raiſonnable, lui qui ne connoît pas ſon propre bien, & qui s'y oppoſe ſouvent : il ne doit pas auſſi s'arrêter à la grandeur ou à la petiteſſe de la cauſe qui produit le mécontentement. Car les mécontentemens les plus dangereux ſont ceux où l'on craint plus, qu'on ne reſſent ; *dolendi modus timendi non idem :* outre que dans les grandes oppreſſions, ce qui irrite la patience, affoiblit le courage. Mais ce qui augmente la crainte, peut produire un effet tout dif-

férent. On ne doit point au*
méprifer les mécontentemen*
parce qu'ils ont fubfifté long*
tems fans éclater. Si toutes l*
vapeurs ne produifent pas u*
grand orage, & qu'elles paroif*
fent quelquefois fe diffiper, i*
eft fûr cependant qu'elles tomberont en quelque endroit; &
fuivant le proverbe Efpagnol,
à la fin un rien rompra la corde.

Les caufes des féditions font,
des innovations dans la religion, les taxes, les change-
mens des Loix & des Coûtumes, le violement des priviléges,
une oppreffion univerfelle, l'é-
levation de gens indignes, les
Etrangers, les famines, les
foldats congédiés, les factions
jettées dans le défefpoir, &
tout ce qui en offençant unit
en même tems.

A l'égard des remédes, on
peut donner en général quel-

·ques préservatifs dont nous parlerons ; mais le vrai reméde doit être proportionné au mal particulier : & c'eſt plûtôt au conſeil, qu'au précepte, d'en ordonner la compoſition.

Le premier reméde, ou plûtôt la premiere précaution qu'on doit prendre, c'eſt d'ôter, s'il eſt poſſible, cette cauſe principale des ſéditions (dont nous avons parlé), qui eſt l'indigence & la pauvreté. Les meilleurs moiens pour cela ſont de faciliter, & de bien établir le commerce, d'encourager les manufactures, de ne pas ſouffrir de fainéantiſe, de réprimer le luxe par les Loix ſomptuaires, de faire valoir les terres en les cultivant avec grand ſoin, d'établir des prix ſur les marchandiſes, de modérer les taxes & les impôts, &c. Il faut avoir auſſi la précaution que le nombre des habitans, sur-tout en tems de paix, ne soit pas trop grand par proportion au produit du pays qui les doit nourrir, & ce n'est pas seulement au nombre qu'il faut regarder ; car un petit nombre d'hommes qui dépense beaucoup & qui gagne peu, épuise plus un Etat qu'un plus grand nombre qui dépensent beaucoup moins & qui gagnent davantage.

Multiplier trop la Noblesse en comparaison du peuple, appauvrit bien-tôt un Etat ; de même qu'un clergé nombreux qui dépense le revenu sans cultiver le fonds. C'est aussi un défaut lorsqu'il y a dans un Etat plus de gens qui s'appliquent aux sciences, qu'il n'y a de places à leur donner. Il faut encore se souvenir que l'augmentation des richesses

d'un Etat vient des Etrangers,
parce que ce que l'un gagne,
les autres le perdent. Il n'y a
que trois choses par le moien
desquelles une Nation tire de
l'argent d'une autre Nation ; le
produit du pays , celui des manufactures , & les voitures. Si
ces trois choses vont bien , les
richesses viennent vîte. Il arrivera souvent que *materiam supe-*
rabit opus ; c'est-à-dire , que la
main de l'ouvrier & le trans-
port vaudront plus que la matiére, & enrichiront davantage
un Etat , comme on le voit
dans les Pays-Bas , qui ont de
ces sortes de mines , qui sans
être sous terre , sont les plus
riches du monde. Sur-tout il
faut que le Gouvernement
prenne soin que le trésor ne
tombe pas entre les mains de
peu de personnes , sans quoi
l'Etat peut périr par la faim en

possédant beaucoup de richesſes. L'argent eſt ſemblable au fumier qui ne fait aucun bien, s'il n'eſt diſperſé ſur la terre. On parvient à ce qui eſt néceſſaire à cet égard, en ſupprimant ou du moins en bridant le dévorant commerce de l'uſure, celui des monopoles, & en ne permettant pas qu'on mette en pâturage un trop grand nombre de terres.

A l'égard des moiens d'appaiſer les mécontentemens, ou du moins de diminuer les dangers qui en naiſſent, chaque Etat, comme nous ſçavons, eſt compoſé de deux ſortes de gens; la Nobleſſe, & le peuple. Le mécontentement de chacun des deux en particulier, n'eſt pas fort dangereux; car le mouvement du peuple ſans l'inſtigation de la Nobleſſe, eſt lent; & la Nobleſſe eſt foible, ſi le

peuple

peuple ne se trouve pas disposé
aux troubles. Le plus grand
danger, c'est quand la Noblesse
attend seulement pour se dé-
clarer, que le peuple fasse éclater son mécontentement. Les
Poëtes feignent que les habitans du ciel aiant conjuré contre Jupiter, & résolu de le lier,
appellerent Briarée à leur aide
par le conseil de Minerve. C'est
sans doute une emblême pour
faire concevoir aux Rois, combien il est utile pour eux de
gagner la bonne volonté du
peuple, & que toute leur sûre-
té en dépend. Il est bon de per-
mettre à la douleur & au mécontentement de s'exhaler un
peu, pourvû que ce soit sans
insolence & sans audace.
Quand on fait rentrer les humeurs, & que la playe saigne
en dedans, il en sort des ulcé-
res & des apostumes très-dan-

gereuses. La reſſource d'Epimethée conviendroit fort à Promethée ; il n'y a point de meilleur
reméde pour prévenir le déſeſ-
poir. Quand Epimethée eut ouvert la boëte de Pandore, & que
tous les maux furent ſortis, il la
ferma à la fin, & garda l'eſpérance dans le fond. Quand on
ſçait nourrir adroitement l'eſ-
perance dans les hommes, & les
mener d'une eſpérance à l'autre, c'eſt le meilleur antidote
contre le venin du mécontem-
tement. Il n'y a point de plus
ſûre marque de la prudence
d'un Gouvernement, que lorſqu'il ſçait retenir les hommes
par l'eſpérance, & quand dans
l'impoſſibilité de les ſatisfaire,
il ménage cependant les choſes,
de maniére que le mal ne paroiſſe pas ſi preſſant qu'il ne
leur reſte encore une lueur
d'eſpérance. Non ſeulement

les particuliers, mais même les
factions s'en laissent flatter,
ou du moins elles veulent souvent pour leur gloire braver
des dangers qu'elles ne croient
pas bien certains.

Une excellente précaution
& très-connue contre le danger du mécontentement, c'est
d'éviter avec soin qu'un peuple
révolté n'ait point de chef convenable ; j'appelle un chef convenable, celui qui a de la naif-
fance & de la réputation, qui
est agréable aux mécontens, &
qui est regardé lui-même comme mécontent. Un tel homme
doit être gagné sûrement &
folidement par le Gouvernement, ou du moins il doit faire
en forte que quelqu'autre de
même parti, s'oppofe à lui,
partage fa réputation, & l'affection du peuple. Ce n'est
point encore un reméde à mé-

priſer, que de ſemer des diviſions, ou du moins faire naître des défiances parmi les ennemis du Gouvernement, qui eſt en grand danger, ſi les bien-intentionnés ſont en diſcorde, & qu'il y ait beaucoup d'union entre les mécontens.

J'ai remarqué que des bons mots & des réparties vives de la part des Princes, ont été ſouvent des étincelles de ſédition. Céſar ſe fit grand tort par ce mot qu'il laiſſa échapper inconſidérement : *Sylla neſcivit litteras , dictare non potuit.* Quand il fut le maître à Rome, on n'eſpéra plus qu'il ſe démît de la Dictature. Galba ſe perdit pour avoir dit, *legi à ſe militem, non emi ;* car par-là les ſoldats n'eſpérerent plus de faire paier leurs ſuffrages. Probus de même pour avoir dit : *Si vixero , non opus erit amplius Romano Im-*

perio militibus ; ce qui mit les soldats au défespoir. Il y a encore de pareils exemples. Les Princes doivent bien prendre garde à ce qu'ils difent dans ces tems délicats & difficiles, furtout à l'égard de ces mots qui échappent par vivacité, & qui partent ordinairement du cœur. Les longs difcours ne font pas tant d'impreffion, & font moins remarqués. Finalement les Princes doivent toûjours avoir auprès d'eux quelques perfonnes d'un courage diftingué & d'une grande expérience à la guerre, pour réprimer les féditions dans leurs commencemens; fans quoi il y a ordinairement dans les Cours beaucoup de confufion & d'épouvante qui mettent l'Etat en danger. Tacite dit : *Atque is animorum habitus fuit, ut peffimum facinus auderent pauci,*

plures vellent, omnes paterentur.
Mais on doit être assuré de la
fidélité & de la probité des
Généraux. Ils ne doivent être
ni fâcheux ni trop populaires ;
& il est nécessaire aussi qu'ils
vivent en bonne intelligence
avec les autres Grands, autrement le reméde seroit pire que
le mal.

DES
FACTIONS,
ET DES
PARTIS.

PLuſieurs politiques ſont d'un ſentiment que je ne ſçaurois approuver. Ils penſent qu'un Prince dans le Gouvernement de ſon Etat, ou un Grand dans la conduite de ſes actions, doit ménager par préference la faction ou le parti le plus puiſſant. Il me ſemble au contraire qu'une prudence plus rafinée demande qu'on s'attache à diſpoſer des choſes qui ſont générales, & ſur leſquelles les différens partis s'accordent, ou à traiter avec les factieux, & les gagner chacun en particulier; je ne dis point cependant qu'il ne foit pas avantageux en général de s'attirer la confidération des factions & des partis.

Lorfque les perfonnes fans fortune veulent s'élever, elles doivent s'attacher à un parti; mais les Grands & ceux qui ont déja du pouvoir, feront plus fagement de fe tenir neutres. Ceux qui ne cherchent que leurs avantages particuliers, fe font, pour ainfi dire, un chemin à travers les factions, en s'attachant à l'une avec la précaution de ne fe point rendre odieux à l'autre.

La faction la plus foible s'unit ordinairement d'une maniére plus ferme & plus conftante; & on peut remarquer qu'un petit nombre réfolu & opiniâtre, l'emporte affez fouvent fur un grand nombre plus modéré. Quand

Quand une des factions est éteinte, l'autre se divise en deux factions nouvelles, comme celle de Luculle, & des principaux du Sénat, qui se soutint quelque tems avec assez de vigueur, contre celle de Pompée & de César. Mais lorsque l'autorité du Sénat & des Grands fut tombée, la faction de César & de Pompée se divisa. Il en fut de même de la faction d'Antoine & d'Auguste, contre Brutus & Cassius; Auguste & Antoine rompirent ensemble aussi-tôt que la faction contraire fut abattue. Ce sont des exemples de factions qui ont fait une guerre ouverte; mais il en est de même de toutes les factions.

Celui qui est le second dans un parti, devient quelquefois le premier, quand le parti se divise. Quelquefois aussi il perd entiérement son crédit. Car, si

sa force vient de l'opposition,
comme il arrive souvent, & que
cette opposition manque, il
n'est plus d'aucune utilité.

On voit des gens qui changent de parti, quand ils sont
une fois en place, croiant peut-
être être assurés du premier, &
qu'il est à propos de faire de
nouveaux amis. Il arrive aussi
assez souvent qu'un traître
avance ses affaires, parce que
si l'équilibre entre les deux se
trouve égal pendant un tems,
celui qui passe de l'un à l'autre
fait pancher la balance, & donne un avantage considérable,
dont on lui a toute l'obligation.

Une conduite modeste &
mésurée entre deux factions
ennemies, n'est pas toûjours un
effet de modération ; souvent
c'est un dessein artificieux de
tirer avantage des deux partis

pour son intérêt particulier. Lorsqu'en Italie le public nomme le Pape siégeant *Padre commune*, c'est une marque, qu'on le soupçonne d'être occupé, preférablement à tout, de la grandeur de sa famille.

Les Rois doivent bien se garder de se joindre à aucune des factions de leurs sujets ; elles sont toûjours pernicieuses aux Monarchies ; elles introduisent des obligations plus fortes que l'obéissance dûe à la souveraineté, & rendent le Souverain *tanquam unum ex nobis*, comme on a vû du tems de la ligue de France. C'est une marque de foiblesse dans le Prince, lorsque les factions deviennent trop puissantes, & qu'elles font trop d'éclat, & rien n'est plus préjudiciable à ses affaires & à son autorité.

Le mouvement des factions

& des partis dans un Etat Mo-
narchique , doivent dépendre
du Prince, il doit en être le premier mobile, c'est-à-dire , que
leur mouvement doit ressem-
bler à celui des globes infé-
rieurs (ainsi que s'expriment
les Astronomes) qui ont leur
mouvement propre ; mais qui
obéissent , & qui sont détermi-
nés par le premier mobile,

DES COLONIES.

LES Colonies sont les plus héroïques ouvrages de l'Antiquité. Le monde dans sa jeunesse faisoit plus d'enfans qu'il n'en fait à présent qu'il est vieux ; car je crois qu'on peut appeller les nouvelles Colonies les enfans des plus anciennes Nations. Il faut prendre garde quand on envoie des Colonies, de ne pas dépeupler un pays pour en peupler un autre ; ce feroit une extirpation , plûtôt qu'une transplantation.

Il en est d'une Colonie comme d'un bois qu'on plante ; on ne doit pas espérer d'en tirer aucun fruit avant vingt ans , & on ne peut en attendre de

grands profits, qu'après un très-
long terme. L'avidité du gain
précoce a ruiné la plûpart des
Colonies dès leur commencement ; cependant on ne doit
pas négliger un profit qui vient
vîte , lorsque le fonds qui le
produit, c'est-à-dire, la Colonie,
n'en souffre pas.

C'est une chose honteuse &
très-mal entendue , de-former
les Colonies de la lie du peuple,
comme des malfaiteurs , des
bannis, & des condamnés; c'est
la corrompre & la perdre d'a-
vance : ces gens-là vivent toûjours mal, sont paresseux, ne
s'emploient à rien d'utile, com-
mettent des crimes, consument
les provisions , s'ennuient d'a-
bord , & ne manquent pas d'envoier de fausses rélations dans
leur pays , au préjudice de la
Colonie. Les gens qu'on doit
choisir par préférence , sont,

des Jardiniers, des Laboureurs,
des Forgerons, des Charpentiers, des Chaſſeurs, des Pê-
cheurs, quelques Apoticaires
& Chirurgiens, des Cuiſiniers,
des Boulangers, des Braſſeurs,
&c.

Commencez par obſerver
quelles denrées le pays produit
naturellement, & ſans culture ; ſçavoir ou des chataignes,
ou des pommes, ou des noix,
ou des olives, ou des dattes,
ou des pommes de Pin, ou des
prunes, ou des ceriſes, ou du
miel ſauvage, &c. & faites d'a-
bord uſage de toutes ces choſes.
Examinez enſuite ce qu'il peut
produire de ce qui ſe recueille
le plus vîte, comme des panets,
des oignons, des navets & des
raves ; du blé de turquie ou
mays, des artichaux, &c. Le
froment, l'orge, & l'avoine demandent trop de travail dans

H h iiij

les commencemens ; mais on peut semer des féves & des poids qui viennent sans beaucoup de culture, & qui dans le besoin , peuvent tenir lieu de pain & de viande ; le ris a aussi la même qualité & produit beaucoup : sur-tout on doit s'être muni d'une grande provision de biscuit, & de toutes sortes de farine pour nourrir la Colonie , jusqu'à ce qu'elle puisse recueillir du blé dans le pays.

A l'égard des bêtes & des oiseaux , prenez ceux qui sont le moins sujets aux maladies & qui multiplient davantage , comme des cochons, des chévres, des poules, des oyes, des dindons , des pigeons , des lapins , &c. Les provisions doivent être distribuées par ration, & comme dans une ville assiégée.

Il faut que le terrein qu'on
emploie au jardinage & au la-
bour foit un bien commun , &
qu'on faffe des magafins de ce
qu'il produira. On peut cependant en excepter quelques petits morceaux , & en laiffer la
joüiffance à des particuliers
pour exercer leur induftrie.
Examinez auffi les denrées que
le pays produit naturellement ,
pour en faire des tranfports au
profit de la Colonie ; comme
l'on a fait à l'égard du tabac à
la Virginie. Mais prenez garde ,
comme je vous l'ai déja dit , de
ne pas faire ces entreprifes au
détriment de la Colonie.

On ne trouve ordinairement
que trop de bois ; mais c'eft une
bonne marchandife , s'il y a des
mines de fer , & de l'eau pour
les moulins ; & lorfqu'il y a des
pins & des fapins , on en tire
du godron & de la poix : les

drogues & les bois de senteur rendent beaucoup. Il en est de même du sel, de la soye, & de la soude. Il y a encore plusieurs autres choses; mais ne songez pas trop aux mines, sur-tout dans le commencement: elles coûtent trop, elles sont trompeuses; on est flatté de l'espérance d'un grand profit, & on néglige les autres affaires.

A l'égard du Gouvernement, il est bon qu'il soit entre les mains d'un seul, mais avec un Conseil. Il faut aussi qu'il y ait des Loix militaires avec quelques restrictions; sur-tout on doit tirer cet avantage, en vivant dans le désert, d'avoir sans cesse devant les yeux le culte du Seigneur.

Ne laissez pas le Gouvernement entre les mains d'un trop grand nombre de gens intéressés dans la Colonie, & qu'elle soit plûtôt gouvernée par des Gentilshommes, que par des Marchands; car ceux-ci n'ont d'attention qu'aux gains préfens. Qu'il y ait exemption de toutes taxes, jusqu'à ce que la Colonie soit bien accrûe; & que non feulement elle soit exemte de taxes, mais qu'il lui soit auffi permis (s'il n'y a quelque raison contraire très-forte) de tranfporter fes denrées où bon lui femblera.

Ne furchargez pas la Colonie de trop d'hommes en les envoiant par groffes troupes; mais apportez-y des hommes fuivant qu'elle diminue, ou qu'elle fe foutient, & des provifions au prorata. Plufieurs Colonies fe font perdues pour avoir fait leur établiffement trop près de la mer ou des riviéres. Il eft bon dans le commencement de ne pas trop s'en éloigner, pour

épargner les tranfports & d'autres inconveniens ; mais il vaut
mieux enfuite bâtir plus en dedans du pays dans une fituation
faine, que de fe placer dans des
lieux marécageux, & de mauvais air. Il eft auffi très-impor-
tant que la Colonie ait une
bonne provifion de fel pour fa-
ler les viandes.

Si vous faites votre Colonie
dans un pays de Sauvages, il ne
fuffit pas de les amufer avec des
bagatelles ; il faut en ufer avec
eux honnêtement & équitable-
ment, fans négliger cependant
de pourvoir à votre fureté : ne
gagnez point leur amitié en
leur aidant à attaquer leurs ennemis ; mais vous pouvez les
proteger & les défendre.

Aiez foin d'envoier fouvent
quelques-uns des Sauvages dans
le pays d'où eft venue la Colonie, afin de leur faire voir des

hommes policés , qui vivent dans une condition plus heu-reuse que la leur , & pour qu'ils puissent en loüer à leur retour la maniére de vivre.

Quand une fois la Colonie est en force, il est à propos d'y envoier des femmes pour peu-pler , afin de ne pas toûjours dépendre de déhors. Il n'y a rien de plus horrible , que d'a-bandonner une Colonie déja plantée ; outre la honte , c'est la perte infaillible de plusieurs malheureux.

DE L'EXPEDITION

DANS LES AFFAIRES.

UNE diligence affectée est pernicieuse dans les affaires ; on peut la comparer à ce que les Médecins appellent *fausse digestion*, qui remplit l'estomac de crudités & d'humeurs propres à causer des maladies. Ne comptez donc pas par le tems que vous emploiez, mais par le progrès de l'affaire ; car comme la vîtesse de la course ne dépend point de faire de grands pas, ni de lever beaucoup les jambes, mais de courir également & sans relâche : de même l'expédition dans les affaires ne vient point d'embrasser trop de matiéres, mais

de s'appliquer à bien suivre celle que l'on a prise.

Il y a des gens qui se piquent
d'être des grands travailleurs &
fort expéditifs, & qui ne cherchent qu'à avancer. Mais c'est
une chose d'épargner du tems
en abrégeant la matière, & une
autre en la tronquant. Quand
les affaires qui demandent plusieurs séances sont ménagées de
cette manière, on est ordinairement obligé d'y revenir à plusieurs fois. J'ai connu un homme d'esprit qui ne manquoit
guéres de dire, quand il voioit
qu'on se pressoit trop pour finir, *attendez un peu, vous ache-*
verez plus vîte. D'un autre côté
la vraie expédition est certainement une chose très-précieuse:
le tems est le prix des affaires,
comme l'argent est le prix des
marchandises. Les affaires deviennent cheres, quand l'ex-

pédition n'est pas prompte. Les Lacédémoniens & les Espagnols sont remarquables par leur lenteur: *Me venga la muerte de Espanna*, alors elle arrivera tard.

Prêtez bien l'oreille à ceux qui vous donnent les premiers avertissemens d'une affaire, aidez-les à s'expliquer sans interrompre le fil de leur discours. Celui qu'on empêche de suivre l'ordre qu'il s'étoit proposé, ne va plus que par sauts & par bonds ; & pour se donner le tems de rappeller ses idées, il devient plus long qu'il ne l'eût été, s'il avoit suivi sa route : quelquefois celui qui veut redresser est plus ennuieux que celui qui s'égare. Les répétitions font perdre du tems ; mais on en gagne par la répétition de l'état de la question qui épargne dans une affaire beaucoup d'autres discours inutiles. Les

discours

diſcours prolixes ſont auſſi contraires à l'expédition, qu'une robe longue à la courſe.

Les diſcours préliminaires,
les digreſſions, les excuſes,
les complimens, & ce qui ne
regarde enfin que la perſonne
qui parle, fait perdre beaucoup
de tems ; & quoique tout cela
paroiſſe un effet de modeſtie,
la vanité y a toute la part. Prenez garde cependant de ne pas
trop vous enfoncer d'abord
dans l'eſſentiel de l'affaire, ſur-
tout ſi vous remarquez qu'elle
ne ſoit pas goûtée par les autres. Car pour un eſprit préoc-
cupé, il eſt beſoin de préface,
comme de fomentation, pour
que l'onguent pénétre ; ſur-
tout l'ordre, la diſtribution, &
la juſte diviſion des parties de
l'affaire, eſt la vie de l'expédition, pourvû que la diſtribution ne ſoit pas trop ſubdiviſée.

Celui qui ne divise pas, n'entrera jamais au fond de l'affaire, & celui qui la divise trop, n'en sortira jamais bien. Rien n'épargne plus le tems que de le sçavoir bien prendre; une proposition faite à contre-tems s'en va en fumée.

Il y a trois parties dans les affaires; la préparation, l'examen, & la perfection. L'examen seul doit être l'ouvrage de plusieurs jours, & les deux autres d'un petit nombre.

Mettre par écrit quelques points principaux de l'affaire, contribue ordinairement à l'expédition; car, quand on rejetteroit votre écrit, cette espéce de négative vaut cependant mieux pour en tirer conseil, comme les cendres sont plus génératives que la poussiére.

DU DELAI
DANS LES AFFAIRES.

LA fortune eſt ſouvent comme le marché où l'on achete à plus bas prix en attendant un peu ; quelquefois auſſi elle eſt comme les livres de la Sybile : d'abord on peut avoir le tout au même prix qu'elle demande : dans la ſuite pour une partie ; car l'occaſion, ſuivant ce qu'on en dit communément, eſt chauve par derriére, ou ſemblable à une bouteille qui échape des mains, ſi on ne la ſaiſit par le col.

Le ſublime de la prudence conſiſte à connoître l'inſtant où l'on doit commencer.

Les dangers en ſont plus

grands, lorsqu'ils paroissent petits. Ils trompent plus souvent
qu'ils ne forcent. Il vaut quelquefois mieux aller à leur ren-
contre que d'être trop long-
tems sur ses gardes. Celui qui
veille trop, court risque de s'as-
foupir ; mais celui qui par des
précautions prématurées attire,
pour ainsi dire, le danger, com-
met une faute dans l'autre ex-
trémité. Il lui peut arriver ,
comme à ceux qui se laissant
abuser par la lueur de la lune
qui donnoit au dos de leurs ennemis & jettoit leur ombre en
avant, les faisoit paroître plus
près , & qui tirerent leur coup
trop-tôt. Il faut bien examiner,
comme je l'ai déja dit , si l'affaire est dans sa maturité. Il est bon
dans celles qui sont d'une grande importance qu'Argus soit
chargé du commencement , &
Briarée de la fin. Premiérement

examiner, veiller, & enfuite
agir promptement. Le cafque
de Pluton qui rend la politique
invincible, n'eft autre chofe
que le fecret dans les deffeins,
& la diligence dans l'exécution;
car dans l'exécution, le fecret
n'eft pas comparable à la diligence : quelquefois même la
promptitude emporte le fecret
avec foi, de même que la bale
de moufquet fe dérobe aux
yeux par fa vîteffe.

DE LA
NEGOCIATION.

IL vaut mieux généralement négocier de bouche, que par lettres ; & plûtôt par personnes tierces, que par soi-même. Les lettres sont bonnes, lorsqu'on veut s'attirer une réponse par écrit ; ou quand il peut être utile de garder par devers soi les copies de celles qu'on a écrites pour les représenter en tems & lieu ; ou enfin lorsqu'on peut craindre d'être interrompu dans son discours. Au contraire, quand la présence de celui qui négocie imprime du respect, & qu'il traite avec son inférieur, il vaut mieux qu'il parle & qu'il négocie lui-même.

Il est bon aussi que celui qui a envie qu'on lise dans ses yeux ce qu'il ne veut pas dire, négocie par lui-même ; ou enfin lorsqu'il veut se réserver la liberté de dire & d'interpréter ce qu'il a dit.

Quand on négocie par un tiers, il vaut mieux choisir quelqu'un d'un esprit simple, qui exécutera vraisemblablement les ordres qu'il aura reçus, & qui rendra fidélement la conversation, que de se servir de personnes adroites à s'attirer l'honneur, ou le profit par les affaires des autres ; & qui dans leurs réponses, ajoûteront pour se faire valoir, ce qu'ils jugeront qui pourra plaire davantage. Prenez aussi par préférence ceux qui souhaitent l'affaire pour laquelle ils sont emploiés ; cela aiguise l'industrie. Cherchez encore avec soin ceux de

quile caractére convient le plus
pour l'affaire dont vous les vou-
lez charger, comme un audacieux pour faire des plaintes &
des reproches, un homme doux
pour perfuader, un homme fin
pour découvrir & obferver, un
homme fantafque, entier, &
point trop poli pour une affaire
qui a quelque chofe de dérai-
fonnable & d'injufte. Emploiez
par préference ceux qui ont déja réuffi dans vos affaires ; ils
auront plus de confiance, &
feront tout leur poffible pour
foutenir l'opinion déja établie
de leur capacité. Il vaut mieux
fonder de loin celui à qui vous
avez à faire, que d'entrer en
matiére tout d'un coup, à
moins que vous n'aiez deffein
de le furprendre par quelque
queftion courte & imprévûe. Il
vaut mieux auffi négocier avec
ceux qui défirent & qui cherchent

chent quelque chofe, qu'avec
ceux qui font contens de leur
fortune. Dans un traité où les
demandes font réciproques, celui qui obtient le premier ce
qu'il a fouhaité, a quinze fur la
partie. Mais il ne peut raifonna-
blement exiger cette grace, fi
la nature de l'affaire ne le demande elle-même, ou s'il n'a
pas l'adreffe de faire voir à celui avec lequel il traite, qu'il
pourroit à fon tour avoir be-
foin de lui dans d'autres occafions ; ou enfin s'il n'eft regardé
comme un homme d'une bon-
ne foi, & d'une intégrité par-
faite. Le but de toutes les négociations eft, de découvrir ou
d'obtenir quelque chofe. Les
hommes fe découvrent ou par
confiance, ou par colére, ou par
furprife, ou par néceffité ; c'eft-
à-dire, lorfqu'on met quelqu'un dans l'impoffibilité de

K k

trouver des faux-fuians, ni d'aller à ses fins sans se laisser voir à découvert. Pour gagner un homme, il faut connoître son naturel & ses maniéres ; pour le persuader, il faut sçavoir la fin où il bute ; & pour lui faire peur, il faut connoître ses foiblesses, & ses désavantages : ou enfin il faut gagner les personnes qui ont le plus de pouvoir sur l'esprit de celui à qui vous avez à faire, afin de le gouverner par cette voie. Lorsqu'on négocie avec des gens artificieux, il est important de considérer leurs desseins, pour interpréter leurs paroles. Il est bon aussi de ne leur dire que peu de chose, & ce à quoi ils s'attendent le moins. Mais on ne doit pas penser dans les négociations difficiles, qu'il soit possible de semer & de recueillir aussi-tôt. Car il faut préparer les affaires, & qu'elles mûrissent par dégrés.

DE L'AUDACE.

CE C I est une proposition
scolastique & de petite
conséquence ; mais si on l'examine d'un certain côté , elle
peut mériter la considération
d'un homme sage. On demandoit à Demosthéne, quelle étoit
la partie principale d'un Orateur ? Il répondit : *L'action*.
Quelle est la seconde ? *L'action*.
Quelle est la troisiéme ? *L'action*.
Personne n'a mieux connu que
lui le pouvoir de cette faculté ;
cependant il n'avoit pas naturellement ce qu'il trouvoit si
nécessaire dans un Orateur. Il
est étonnant qu'une partie su-
perficielle , & qui sembleroit
plûtôt la vertu d'un comédien,

soit cependant placée au-dessus
de l'invention, de l'éloquence,
& des autres qualités qui paroissent bien plus nobles, &
que la seule action soit comme
le tout dans un Orateur. Cela
vient de ce qu'il y a dans les
hommes beaucoup plus de folie
que de sagesse ; & par conséquent les facultés qui touchent
leur folie, sont bien plus propres à faire impression sur eux.
Il en est de l'audace dans les affaires, comme de l'action dans
le discours. Quelle est la premiére chose nécessaire dans les
affaires ? L'audace. La seconde ?
L'audace, & de même la troisiéme. L'audace vient cependant
de l'ignorance & du petit
génie, mais elle entraîne ceux
qui ont peu de jugement ou
peu de courage, qui font toûjours le plus grand nombre ; &
même fort souvent elle gagne

les plus fages , fur-tout dans le
tems où ils font encore en doute. C'eft pour cela que dans
les Etats populaires nous lui
voions quelquefois faire des
miracles. Mais elle a ordinairement moins de crédit fur un Sénat ou fur un Prince.

Un audacieux brille toûjours
plus dans le commencement
des affaires , que dans la fuite ;
car il lui arrive fouvent de ne
pas tenir fa promeffe. Comme
il y a des Charlatans pour le
corps naturel , il y en a de même
pour le corps politique ; des
gens entreprenans qui par hazard ont réuffi deux ou trois
fois , mais qui manquant de
fonds , demeurent en chemin à
la fin. Vous verrez fouvent un
audacieux faire le miracle de
Mahomet. Il avoit promis &
perfuadé au peuple qu'il alloit
obliger une montagne de venir

à lui ; il devoit prier fur cette montagne pour ceux qui gar-deroient fidélement fa loi. Le peuple affemblé, Mahomet ap-pelle la montagne ; mais voiant qu'elle reftoit au même lieu, fans fe montrer embarraffé en aucune façon : *Puifque la montagne*, dit-il, *ne veut pas venir à Mahomet*, *Mahomet ira à la montagne*. Les gens de cette efpéce, lorfqu'ils manquent vilainement à ce qu'ils ont promis, s'ils poffédent l'audace dans toute fon étendue, ne fe troublent point du mauvais fuccès de leur avanture, & vont toûjours leur train ordinaire. Les hommes de jugement fe mocquent des audacieux, qui ont même à l'égard de tout le monde quelque chofe de ridicule ; car l'abfurdité eft un jufte fujet de mocquerie, l'audace fans doute n'en eft point exemte. Sur-tout rien n'eſt plus propre à faire rire qu'un audacieux déconcerté. L'effet ordinaire de l'embarras, eſt d'agiter les eſprits, mais pour un audacieux, il reſte immobile, interdit, comme un joüeur d'échets, qu'on a fait échec & mat au milieu de ſes piéces. Mais ceci convient davantage à la ſatire, qu'à des réfléxions ſérieuſes. Il faut conſidérer que l'audace eſt aveugle; qu'elle ne voit point les dangers, ni les inconveniens. C'eſt pout cela qu'un audacieux peut être bon en ſecond; mais jamais pour les premiéres places. Il eſt bon de voir les dangers pendant qu'on délibére, & de ne les point voir dans l'exécution, à moins qu'ils ne ſoient très-éminens.

DES

NOUVEAUTE'S.

LES nouveautés que le tems fait éclore, reſſem-
blent aux animaux qui ne ſont pas encore bien formés à leur naiſſance. Cependant comme les premiers qui introduiſent des honneurs dans leurs famil-les ſont preſque toûjours plus illuſtres que leurs ſucceſſeurs, de même auſſi tous les bons commencemens ne ſe ſoutien-nent pas dans la ſuite. Car, dans la nature humaine, le mal de-vient plus conſidérable par la continuation ; mais le bien, comme une choſe ſurnaturelle, eſt plus puiſſant dans ſon com-mencement.

Toute médecine est une nouveauté. Celui qui ne veut pas de nouveaux remédes, doit s'attendre à de nouveaux maux. Le tems est le grand innovateur ; mais si le tems par sa course empire toutes choses, & que la prudence & l'industrie n'apportent pas des remédes, quelle fin le mal aura-t'il ?

Ce qui est établi par coûtume, sans être trop bon, peut cependant convenir ; parce que le tems & les choses qui ont marché long-tems ensemble, ont contracté, pour ainsi dire, une alliance : au lieu que les nouveautés, quoique bonnes & utiles, ne quadrent pas si bien, & sont incommodes par la non-conformité. Elles ressemblent aux Etrangers qui sont plus admirés & moins aimés. Tout ceci feroit sans replique, si le tems s'arrêtoit ; mais il marche toûjours. Son inſtabilité fait qu'une coûtume fixe eſt auſſi propre à troubler, qu'une nouveauté; & ſouvent le ſiécle préſent trouve ridicule & mépriſe les uſages du ſiécle paſſé.

Il ſeroit prudent de ſuivre l'exemple du tems. Il introduit des choſes nouvelles; mais peu à peu & preſque inſenſiblement. Sans cela tout ce qui eſt nouveau ſurprend & bouleverſe. Celui qui gagne au changement, remercie la fortune & le tems; mais celui qui y perd, s'en prend à l'Auteur de la nouveauté. Il eſt bon de ne pas faire de nouvelles expériences pour raccommoder un Etat ſans une extrême néceſſité & un avantage viſible. Il faut auſſi prendre garde que ce ſoit le déſir de réformer qui attire le changement, & non pas le déſir du changement qui attire la réforme.

Toute nouveauté, si elle n'est
pas rejettée, doit du moins être
suspecte. L'Ecriture sainte dit :
*Stemus super vias antiquas, at-
que circumspiciamus quæ sit via
bona & recta, & ambulemus
in ea.*

FIN.